JN438539

맹물처럼 순수하게

맹물처럼 순수하게

고안상 수필집

신아출판사

■ 책머리에

초등학교 시절, 글짓기 시간에 글을 쓰려 해도 무엇을 쓸 것인가 도대체 아무런 생각이 나질 않았다. 이리저리 궁리하다 보면 그만 수업 끝나는 종이 울리곤 하였다. 글짓기 시간이 내게는 무료하고 고통스러운 시간이었다.

하지만 나는 친구들과 자주 지도책을 펴놓고서 세계 여러 나라 도시 찾기 놀이에 푹 빠져 지내곤 하였다. 나이가 들어서도 지도 속에서 찾던 그 도시들을 그리워하며 찾아가 보고 싶은 마음 가득했다.

지도책에서 찾아보던 그 도시들이 내게 꿈을 주었던 것일까? 나는 40대 중반부터 가끔 아내와 함께 그 도시들을 찾아 여행을 떠났다. 다행히도 내가 모시던 이사장님께서 여행 애호가여서 천주교 신자 모임에 들어가 성지순례를 하면서 많은 도시를 찾아가 볼 수 있었다. 지금도 내가 가 보았던 여러 나라와 도시의 감동적인 모습들이 내 기억 속에 잔잔히 남아 있다.

40대 후반에 접어들 무렵, 사촌 형님께서 발간한 조부님의 ≪초남시집≫을 받아보고서 '어쩌면 나도 글을 쓸 수 있을지도 모르겠구나.'라는 생각을 처음으로 해보았다. 그러면서 나도 조부님처럼 '나의 삶과 여행 이야기를 글로 써 후손에게 남길 수 있다면 얼마나 좋을까?'라는 생각을 해보았다.

그러다 정년퇴직한 뒤에 그동안 내가 못다 한 것들을 해보고 싶었다. 그래서 한동안 책도 읽고, 텃밭에서 채소도 가꾸며 소일했다. 그렇게 훌쩍 3년이 지나가 버렸다. 아직 무엇을 할까 망설이고 있는데, 아내의 친구분인 변명옥, 호성희 선생님께서 수필 공부를 권하는 게 아닌가.

예전에 '글을 쓰면 좋겠다.'는 생각이 떠올라 잠시 고민을 한 뒤에 아내와 함께 신아 문예대학에 발을 내디뎠다. 교수님의 지도를 받으며 어언 3년이란 세월이 흘렀다. 더욱더 땀 흘리며 노력했어야 했는데 그러질 못해 아직 많이 부족하다는 것을 느낀다. 그래서 막상 수필집을 세상에 내놓으려니 두렵고 부끄러운 마음이 앞선다.

그동안 아내와 함께 수필 공부를 시작하여 등단하고, 또 글을 쓸 수 있어서 행복했다. 그리고 수필집을 함께 낼 수 있게 되어 그 기쁨 또한 크다. 하느님의 큰 사랑이 없으셨다면 우리 부부에게 이런 기회가 주어지지 않았을 것이다. 주님께 고개 숙여 깊은 감사를 드린다.

그리고 이렇게 수필집을 낼 수 있도록 그동안 지도해 주시고 이끌어

주신 김학 교수님과 신아문예대학 서정환 이사장님 그리고 발문으로 격려해주신 장지홍 선생님께 감사드린다. 또 지금까지 함께한 금요 수필반 문우님들과 정읍 수필문학회 회원님들이 계시어 큰 의지가 되었음에 감사의 마음 전하고 싶다.

지금까지 살아오면서 너무 많은 마음고생을 시켜 아내의 건강이 좋지 못하다. 고개 숙여 용서를 구하고 싶다. 앞으로도 함께 꾸준히 글을 쓰고, 또 여행을 할 수 있도록 아내의 건강이 회복되기를 간절히 기도드린다.

그리고 사랑하는 내 동생들, 아들과 며느리 그리고 손녀 나윤이가 있어서 항상 마음 든든하고 행복했다. 이들이 내가 글을 쓰고, 또 책을 펴내게 된 큰 이유 중 하나가 아닐까 싶다.

마지막으로 지금은 고인이 되시어 하늘나라에 계신 초남 조부님과 부모님께 감사와 존경의 마음으로 이 책을 바친다.

2019. 9. 30.

정읍 아양산자락 又南書齋에서 고안상

■ 차례

1부

한반도 평화, 그 새로운 시작

2부

어머니의 빈자리

3부

역사가 주는 교훈

4부

오솔길을 걸으며

5부

아버지께서 주신 교훈

6부

선풍기가 가져다준 작은 행복

7부

볼레드 여행

제1부

고군산군도에서 맞이한 새해 첫날

무술년(2018년) 새 아침이 밝았다. 새해 첫날, 줄포성당에서 아내와 함께 성모 마리아 축일 미사를 드렸다. 신부님의 '해마다 새해가 되면 목에 띠를 걸어주는 마을과 허리에 띠를 매어주는 마을 이야기'에 관한 강론 말씀이 마음에 와닿았다. 해마다 목에 띠를 걸게 된 마을 사람들은 해마다 무거워지는 그 무게에 고개를 숙이게 되었고, 허리에 띠를 매게 된 사람들은 그 무게를 지탱하고자 배를 내밀게 되었다는 이야기로 겸손과 교만에 관한 이야기였다. 금 년 한 해를 나도 더 고개를 숙이며 겸손하게 살아야겠다고 마음속으로 다짐해 보았다.

미사를 마치고 곰소항 어시장에 들러 건어물을 산 뒤, 아리랑 식당에 가 백합죽을 시켜 먹었다. 아내가 건강에 좋다며 맛있게 먹어주니 고맙다. 지난해 9월 말 사우회 야외모임 때, 고군산군도에 들렀으나 부분개통으로 아쉽게도 무녀도에만 들렀다가 돌아온 적이 있다. 그래서 오늘 우리는 지난 12월 28일에 완전 개통이 된 고군산군도를 둘러보기로 하였다.

고군산군도는 군산시에서 남서쪽으로 약 50㎞ 떨어진 해상에 있으며, 선유도, 무녀도, 야미도, 신시도, 장자도 등의 유인도 16개와 무인도 47개, 총 63개의 도서로 구성된 천혜의 관광지이다. '고군산군도'라는 명칭은 오늘날 고군산군도의 중심 섬인 선유도에서 유래되었다고 한다. 고려 시대에는 수군 진영을 두었던 이곳을 '군산진'이라고 불렀다. 조선 세종 때 진영이 인근의 육지로 옮겨가면서 지명도 따라 옮겨갔는데, 기존의 군산진이었던 이곳은 옛 군산이라는 뜻의 옛 고古자를 붙여 고군산이라 칭하게 되었다. 이후 고군산이라는 명칭은 중심 섬인 선유도와 인근의 전체 섬을 지칭하는 명칭으로 사용되고 있다.

고군산군도는 겨울철에는 북서 계절풍의 영향을 많이 받고, 여름은 따뜻하고 습기가 많은 편이란다. 근해 연안 어업의 중심지로서 인근 수역은 서해의 다른 지역에 비해 수심이 일정하다. 해안선이 만을 형성하고 있으며, 해저는 암반과 개펄로 이루어져 있다. 고군산군도는 어족 자원의 산란과 서식지로 알맞은 여건을 갖추고 있으며, 김 · 굴 양식장이 많다. 선유도를 비롯하여 모든 섬의 주변은 물이 얕고, 모래가 깨끗해 해수욕하기 좋으며, 어족 자원이 풍부해 바다낚시, 스킨스쿠버 등 레저 · 관광객의 방문이 많단다. 2013년 10월 말 현재 기준으로 총인구 4,328명(남 2,366명, 여 1,962명), 1,845가구이며, 16개의 유인도 중 신시도, 선유도에 가장 많은 주민이 거주하고 있다.

우리는 곰소를 출발하여 격포 방면으로 가다가 마동 삼거리에서 방향을 바꿔 변산 방면으로 달렸다. 누에 타운을 지나 마포 교차로에서

30번 국도에 진입하여 달리다가 새만금 방조제로 들어섰다. 새해 첫 날인 오늘, 날씨가 쾌청하니 올 한 해 좋은 일만 가득할 것 같다는 느낌이 든다. 방조제 위로 난 도로 위를 상쾌한 기분으로 달렸다. 저 멀리 푸른 바다가 시원하게 시야에 끝없이 펼쳐진다. 오늘 우리가 가고 있는 목적지에는 우리만 가는 게 아니었다. 수많은 차량 행렬이 이어져 한동안 가다 서다를 반복했다. 중간에 포기하는 차들도 상당수다. 오랜 시간을 참고 견디며 기다린 끝에, 드디어 신시도와 무녀도, 선유도 방면 진입로에 들어섰다. 진입하는 차량도 많지만, 그곳에서 빠져나오는 차량도 수없이 많아 보였다.

무녀대교를 지나자 아직은 개발되지 않아 어설퍼 보이는 드넓은 갈대밭이 덩그러니 우리를 맞는다. 다시 선유대교를 지나자 이곳은 그래도 뭔가 볼거리가 있을 것만 같다. 장자도를 향하는 많은 차량 행렬에서 벗어나 선유도 해안 쪽으로 방향을 틀었다. 급하게 경사진 길을 따라 내려가니 그곳에도 많은 차량이 멈추어 서 있다. 상당수의 사람이 또 다른 장자도 방면 다리 쪽으로 이동하고 있다. 우리는 선유도 전망대를 지나 해수욕장이 있는 해변 언덕 위 길을 따라가다가 좁은 주차공간을 발견하고 그곳에 차를 세웠다.

해변에서 바라보니 저만치에 마이산 닮은 봉우리가 우뚝 서 우리 일행을 반기며 손짓을 한다. 주위 모습과 어우러져 참으로 풍광이 빼어났다. 여기저기에서 많은 사람이 그곳을 배경으로 셔터를 눌러댄다. 나도 아내와 함께 적당한 곳을 찾아 그곳을 배경으로 추억거리로 간직

할 사진을 몇 장 찍었다.

바닷가 해변을 여러 청춘 남녀들이 정답게 걸으며 이야기를 나누고 있다. 아마도 금년 한 해를 보다 알차고 행복하게 수놓으며 살자고 다짐하고 있지 않나 싶다. 은빛 파도가 밀려와 해안가에 부딪히면서 작은 포말을 토해놓는다. 그 뒤를 이어 한없이 밀려오는 파도들의 아우성이 내 귓가를 맴돌다 이내 흩어진다. 저들도 올해 이루고 싶은 커다란 꿈이 있나 보다.

아내와 나도 말은 하지 않지만 올 한 해가 지난해보다는 평안하고 건강한 한 해로, 또 우리 애들에게 보다 활기찬 한 해가 되길 바라는 마음 간절하다. 우리가 바라는 것은 세상을 뒤흔들 만한 광대무변의 그 무엇도 아닌 여느 사람들이 꾸는 그런 아주 소박한 꿈이다.

한 해를 다시 시작하는 오늘 하루도 이제 저물어간다. 마치 한 해가 저물던 어제와 오늘이 별 차이가 없어 보이지만, 사실 엄청난 차이가 있다고 사람들은 그렇게 믿고 싶을 것이다. 우리가 소망하는 것들이 모두 다 이루어지고 건강하고 행복한 한 해가 되었으면 참 좋겠다.

(2018. 1. 15.)

1%의 기적을 이루어낸 축구 국가대표팀

6월 14일, 드디어 우리가 기다리던 2018 러시아 월드컵 축구경기가 개막되었다. 우리나라가 속한 F조는 2014 브라질 월드컵 대회 우승국이며 세계 랭킹 1위인 독일, 그리고 랭킹 15위인 멕시코, 24위인 스웨덴 등 축구 강국들이 속해 있어서 16강을 기대하기가 어렵다는 것이 전문가들의 이야기였다. 그렇지만 포기하기보다는 우리 선수들이 최선을 다하리라는 희망으로 경기를 관전하고 응원하겠다는 것이 나를 포함한 우리 국민의 마음이었을 것이다.

6월 18일 가장 기대했던 스웨덴과 첫 경기에서, 우리 선수들은 수비에 급급하며 어려운 경기를 펼친 끝에 1대 0으로 패하고 말았다. 그래도 스웨덴은 이길 수 있을 거라는 작은 기대를 하고 있었는데 참으로 실망스러웠다. 더구나 공격다운 공격 한번 제대로 해보지 못하고 지다니 감독과 선수들에게 화가 났다.

그리고 6월 24일 새벽, 멕시코전이 이어졌다. 독일을 1대 0으로 무너트린 멕시코와의 경기에서도 우리는 2대 1로 졌다. 그래도 경기

내용 면에서 1차전보다 우리 선수들이 최선을 다했기에 아쉬움은 컸지만 그나마 위안이 되었다. 특히 멋진 골을 터뜨린 손흥민 선수가 자랑스러웠다. 그러면서 기성용 선수가 쓰러졌을 때 휘슬을 불지 않아, 졌다는 생각 때문에 주심을 원망하며 안타까워했다.

그리고 다시 며칠이 지난 6월 27일, 독일과의 조별 마지막 경기가 열렸다. 언론에서는 우리가 세계랭킹 1위인 독일을 이길 확률은 1% 이하라고 보도했다. 심지어 어떤 이들은 7대 0으로 우리가 독일에 대패할 것이라고도 했다. 아마 나처럼 우리 국민도 대부분 마음을 비웠을 것이다. 편안한 마음으로 경기를 관전했다. 다만 멕시코와 싸웠던 것처럼 선수들이 독일과의 경기에서 최선을 다해주기만을 빌었다.

드디어 독일과 경기를 시작하는 주심의 휘슬이 울렸다. 경기가 시작되자마자 우리 선수들은 기죽지 않고 침착하게 독일 선수들과 맞서 나갔다. 그리고 크게 밀리지 않고 당황하지도 않으며 경기를 풀어나갔다. 전반을 0대 0으로 잘 지켜낸 선수들이 자랑스러웠다. 후반에서 우리 선수들은 더욱 자신감을 가지고 경기에 임했다. 우리 선수들은 빠르고 유연하게 독일 선수들과 대응해 나갔다. 시간이 흐를수록 독일 선수들은 우리를 이겨야만 16강에 진출할 수가 있다는 조바심 때문인지 더욱 긴장하고 조급해하는 모습이 역력했다. 정신력에서 우리가 앞서고 있다는 느낌마저 들었다. 이렇게 후반전을 잘 버티어내더니만, 인저리 타임에서 드디어 김용권 선수가 천금 같은 결승 골을 뽑아냈다. 1%의 승리할 가능성이 기적같이 현실로 뒤바뀌는 순간이었다.

그리고 잠시 뒤, 독일 노이어 골키퍼가 공격에 가담하기 위해 나온 틈을 이용해, 주세종 선수가 크로스로 길게 올려준 공을, 손흥민 선수가 몰고 가 골대 안으로 가볍게 밀어넣었다. 우리가 세계 랭킹 1위 독일을 2대 0으로 이기는 기적 같은 일이 벌어지는 순간이었다. 눈 깜짝할 사이에 대한민국이 놀라고 세계인들이 놀랄 엄청난 사건이 일어난 것이다. 순간, 우리 국민은 물론이고 아시아인들은 그 놀랍고 엄청난 사건이 빚어낸 흥분의 도가니 속으로 휘말려 들어가며 열광하고 어찌할 바를 몰랐다. 2018년 6월 27일, 러시아 카잔에서 그야말로 역사적인 대이변이 일어난 것이다.

우리는 이번 축구 국가대표팀의 독일전 승리를 지켜보며 많은 것을 깨닫게 되었다. 먼저 1%의 가능성도 최선을 다하면 현실이 될 수 있다는 것을 우리는 알게 되었다. 마음을 비우고 최선을 다한다면 도저히 이루어질 수 없을 것 같은 일도 현실이 될 수 있다는 것을 말이다.

이 세상에는 취업을 위해 온갖 고생을 마다하고 땀 흘리며 최선을 다하고 있는 청소년들과 하루하루를 어렵게 살아가고 있는 불우한 이웃들이 참으로 많이 있다. 그들도 이번 축구경기를 통해서 매사 최선을 다하면 희망이 있다는 걸 깨닫고 용기를 잃지 않았으면 좋겠다. 우리 모두 내가 이루고자 하는 작은 꿈이 언젠가 현실이 되어 내 앞날을 밝고 환하게 밝혀줄 날이 있다는 사실을 굳게 믿어 보자. 그런 믿음으로 자신의 꿈을 포기하지 않고 꾸준히 노력해 나가길 빌어본다.

(2018. 6. 29.)

민족 고유의 명절, 설을 보내며

양력 1월 1일은 새로운 한 해가 시작되는 첫날이다. 그런데 아직도 나에게는 설날이 새해의 첫날로 생각될 때가 많다. 아직도 설날을 새해의 첫날이라고 하니 어쩌면 구태라고 말할 수도 있을 것이다. 그런데 어린 시절의 고귀한 추억이 서려 있는 새해의 첫날이 설날이었으니, 그것이 아직도 나의 뇌리에서는 쉬이 지워지지 않는 것 같다.

온 가족이 함께하는 설날 아침이 밝았다. 아침 일찍 일어나 차례를 지낸 뒤에 세배를 받는다. 예년 같으면 어머님을 모시고 설을 쇨 텐데, 올해는 우리끼리 보내게 되니 어쩐지 허전하고 쓸쓸한 마음 그지없다. 동생 가족들과 아들 내외 그리고 손녀, 모두가 건강하고 행복한 한 해를 보내기를 간절한 마음으로 빌며 덕담을 건넨다.

설날은 그 유래由來를 살펴보면 삼국시대 초기에 중국에서 역법을 받아들이면서 시작된 것으로 알려져 있다. 역사 기록에 의하면, 신라인들이 원일元日의 아침에 서로 하례하며, 왕이 잔치를 베풀어 군신을 모아 회연하고, 이날 일월신을 배례하였다고 기록되어 있다. 그리고 백제 고이왕 5년(238년) 정월 초하룻날에 천지신명께 제사를 지냈으며, 책계왕 2년(287년) 정월 초하룻날에는 시조 온조왕 사당에 배알하였다고 기록되어 있다. 이후 고려와 조선 시대를 거치며 설날은 나라의 주요 명절로 이어져 왔음을 기록을 통해 엿볼 수가 있다.

음력 1월 1일을 중심으로 명절을 보내는 나라는 우리나라를 비롯하여 중국, 대만, 베트남, 싱가포르 등이다. 그리고 세계 여러 나라에 분포되어 사는 화교들도 음력 1월 1일을 명절로 보낸단다. 중국에서는 음력 1월 1일을 춘절이라고 부른다. 춘제라고 하여 섣달 그믐날을 포함하여 휴무 기간만 해도 8일이나 된다. 그런데 그 기원은 여러 가지이지만 그 가운데 가장 많이 알려진 것은 2000년 전 순임금이 왕위에 오르면서, 신하와 하인들을 거느리고 하늘과 땅에 제사를 지낸 데서 비롯되었다고 보고 있다. 그로부터 사람들은 이날을 세수歲首로 여겨왔고, 순의 천자 계승설이 음력 새해의 유래로 전해지고 있다. 우리는 조상들에게 차례를 지내지만, 중국에서는 대부분 온 가족이 새해를 맞아 음식을 들고 희망을 나누는 즐거운 날로 보낸다고 한다.

여기서 설날의 어원語源을 살펴보면 '설다, 낯설다'의 '설'에서 그 유래를 찾는 사람들이 있는데, 처음 가보는 곳은 낯선 곳이라 하고, 처음 만나는 사람을 낯선 사람이라고 하는 것처럼 설 역시 처음 맞이하는 '낯 설은 날'로 생각한 까닭에서 비롯되었다는 설이 있다. 또 '서럽다'는 뜻의 '섧다'에서 왔다고 주장하는 이도 있다. 한 해가 지남으로써 점차 늙어가는 처지를 서글퍼하는 의미가 있다는 것이다. 다른 유래는 '삼

가다'라는 뜻을 지닌 '사리다'의 '살'에서 비롯되었다는 설도 있다. 각종 세시풍속을 기록한 책에는 설을 신일愼日이라 하여 '삼가고 조심하는 날'로 표현하고 있다. 이는 몸과 마음을 바짝 죄어 조심하고 가다듬어 새해를 시작하라는 의미가 있는 것 같다.

나이가 60대 후반에 접어든 지금도 설날을 맞이하면, 어린 시절의 설날이 생각나서 그 시절이 그리워진다. 할아버지께서는 아버지가 차남이었지만 자녀를 두지 못하고 돌아가신 자신의 형님 제사를 맡아 지내도록 양자로 보내셨다. 그래서 해마다 설날 아침이면 부모님께서는 이른 새벽에 일어나 우리를 깨워 차례를 지낸 다음 할머니가 계시는 큰집으로 갔다. 우리가 큰집에 도착하면, 온 가족들이 준비해놓은 차례상 앞에 도열하여 정성을 다하여 차례를 지냈다. 그리고 할머니와 큰아버지를 비롯한 집안 어른들에게 세배를 드렸다. 오랜만에 만난 사촌들과 즐겁게 음식을 나눈 뒤에, 사촌 형을 따라 낯설지만 큰 집 동네 어른들을 집집마다 찾아뵙고 세배를 하였다. 그 당시만 해도 철이 덜 든 내게는, 세배보다는 그 뒤에 내어놓는 조청, 유과, 강정이며, 오징어전과 같은 우리 집에서는 맛볼 수 없는 새로운 음식들에 대한 기대가 더 컸었다. 큰집 동네 어른들에게 세배를 마친 뒤 집으로 돌아오면, 동생과 함께 이제는 우리 마을 어른들을 일일이 찾아뵙고 세배를 드렸다. 이렇게 설 하루를 바쁘게 보낸 뒤에 집에 돌아오면 지친 몸이 되어 잠자리에 들면 이내 잠들곤 했었다.

그 당시만 해도 설 명절 어른들을 찾아가 세배 드리는 일은 정월 초순 무렵까지 계속되었다. 이튿날에는 이웃 마을인 송정마을과 제내마을 어른들을 찾아가 세배를 올렸다. 이웃 마을까지 찾아가 일일이 어른들을 찾아뵙고 세배를 올리는 것이 당연시되던 시절이었다. 행여 세배를 거르게 되면 아무개네 집 아들놈은 인사도 모르는 버릇없는 놈이라는 이야기를 한동안 듣게 되어 어른들 앞에서는 부끄러워 고개를 숙이고 다녀야만 했다. 본인은 물론이고 부모님까지 욕을 먹게 되던 시절이었다. 나와 동생은 정월 초 열흘이 다 지나가기 전에 외갓집, 진 외갓집까지 찾아가 외가 어른들은 물론이고 그 동네 어른들까지 찾아뵙고 세배를 올리곤 하였다. 그래서 우리는 인사깔이 좋은 착한 아이들이라는 어른들의 칭찬을 받고 자랐다. 부모님께서도 우리 형제가 어른들에게 칭찬을 받게 되니 흐뭇하게 여기셨다.

내가 어렸던 시절과 오늘날을 비교한다는 것은 이치에 맞는 일은 아닐 것이다. 60여 년이란 세월이 흘러 세상이 변해도 너무 많이 변했다. 그러니 요즘의 설날은 옛날의 그것과는 너무 많은 것들이 달라졌다. 옛날에는 어머니께서 설 차례상에 올려놓을 음식을 준비하시려면 한 달 동안을 준비하셔야만 했다. 어디 그뿐인가? 어른들 옷을 빨고 풀을 먹여 다리고, 자식들 설빔을 준비해야 하는 등 한 달 내내 온통 음식과 설빔 준비에 정성을 다하셨다. 그리고 음식을 준비해 놓으면 쉽게 상하기 때문에 보존하기 위해서도 항상 신경을 써야만 했다.

그런데 요즈음은 제수는 음식 전문업체에 맡기고 또 옷은 백화점이나 시장에서 구입하면 되니 그리 어려울 것이 없다. 다만 요즈음 젊은 며느리들은 자녀 양육과 직장생활에 얽매여 바쁜 나날을 보내야 하니, 옛날 어머니들의 삶과 비교한다는 것은 어려운 일이다. 모든 것들이 그 시대의 상황에 맞게 변화되어가고 있다. 어쩔 수 없는 현실을 우리는 지혜롭게 받아들이고 적응해 나가야 한다.

다만 한 가지 바람이 있다면 조상님들의 생활 가운데 미풍양속은 우리가 잘 이어받아 대대로 지켜나갔으면 좋겠다는 생각이다. 그 가운데서도 명절을 맞이하여 헤어졌던 가족과 만나 서로 정을 나누고, 웃어른을 섬기고 모시던 전통은 우리 후손들에게 가르치고 이어받도록 해야 할 가장 큰 덕목이 아닌가 싶다.

(2017. 02. 07.)

그리운 운정雲汀 선생님

날씨가 봄날 같지 않게 무덥고 벚꽃이 활짝 벌어 이제 막 한창인데 밖에는 비가 부슬부슬 내린다. 가을철 단풍이 절정일 무렵, 이제 막 아름다운 제 모습을 마음껏 뽐내려고 할 때 이를 시샘이라도 하듯 세찬 바람과 함께 내리는 가을비 같다. 엊그제 신아 문예대학 수업에서 아내가 운정 선생님께서 주신 〈향기 나는 부부〉란 패를 생각하며 쓴 글을 감상하는 시간을 가졌다. 그때, 우리는 운정 선생님에 대한 이야기를 나누었다.

내가 운정 선생님을 처음으로 만나 뵙게 된 것은, 1981년 호남고에 근무하게 되면서부터였다. 나와는 친한 남금진 선생이 큰누나의 아들로 조카라고 밝히시면서, 이제 첫발을 내딛게 된 내게 학교생활에 대해 많은 것들을 친절하게 안내해주셨다. 그 뒤부터 나는 선생님과 같은 부서에서, 아니면 동 학년 담임을 하면서 가까이에서 뵐 수 있어 참으로 마음 든든했다. 그리고 선생님과 마음이 통하는 몇 분의 선생님들과 휴식 시간이나 일과가 끝난 뒤 찻집에 모여 정담을 나누는 시간을 가지곤 하였다. 항상 후배인 우리에게 온화한 모습으로 다가오시어 부담 없이 세상 사는 이야기를 해주셨다. 내게는 시인이요 수필가로 이름난 운정 선생님과 가까이에서 함께 지낼 수 있다는 것이 참으로 큰 행운이었다.

교내 고사가 있는 날이면, 일찍 퇴근하여 우리는 함께 가까운 내장산이나 두승산을 찾아가 숲 속을 거닐며 자연을 음미하고 인생을 논하거나 세상 사는 이야기를 나누었다. 어느 해인가 가을철로 기억된다. 밖에서 점심을 먹은 뒤에 우리를 집으로 부르시어, 병어회를 안주 삼아 막걸리를 마시며 즐겁게 정담을 나누던 그때의 모습이 지금도 아련히 떠오른다. 평소 조용하고 정이 많으셨던 선생님이 오늘따라 그리워져 사이버세상을 찾는다.

선생님께서 세상을 떠나시기 전에 마지막으로 따님에게 남기신 편지글이 내 마음을 아리게 한다. 이미 선생님께서 평소에 음식을 드시면 소화가 되지 않아 고생하시고, 담석과 쓸개까지 제거하신 뒤로는 더 힘드시다는 것은 알고 있었다. 하지만 삼성병원에서 불치의 병이라는 마지막 진단을 받으시고 모든 것을 다 내려놓으시기까지, 인생이 허망하고 외롭고 쓸쓸하다는 생각이 들어 얼마나 가슴 아프고 고통스러우셨을까? 그런데도 선생님께서는 우리와 만나 아무렇지도 않게 그리도 차분하고 편안한 모습으로 정담을 나누다 헤어졌으니, 아무것도 눈치채지 못하고 함께했던 우리가 참으로 죄스럽고 미안한 마음 가득할 뿐이다.

우리와 함께 지내는 동안에 운정 선생님께서는 꾸준히 창작활동에 정진하시어 좋은 결실을 거두셨다. 수필집 〈그리움이 타는 길목(1980)〉, 〈풀잎의 축제(1984)〉, 시집 〈억새풀 하얀 머리(1993)〉를 내신 일 그리고 전북수필문학상을 포함하여 수많은 상을 받으시고, 내장문학회 창립회장, 문인협회 정주 지부장, 백제예술대학교 교수로 활동하신 일 등은 너무나도 자랑스러운 일이요 모든 이들의 부러움의 대상이었다.

그리고 가정적으로도 훌륭하신 사모님과 3남매를 두시어 유복하셨다. 또, 자녀들을 훌륭하게 기르시어 대학교수를 큰사위로, 보석전문가를 작은사위로 두시고, 호남고등학교를 수석으로 입학했던 아들 경섭 군은 치과의사로 병원을 운영하여 주위 분들로부터 부러움을 사셨다. 그런 운정 선생님이 세상을 참 잘살고 계시는 것 같아 얼마나 부러웠는지 모른다. 그리고 항상 행복하실 거라고만 믿고 있었다.

평소에 운정 선생님께서는 우리와 대화를 나누시며 당시 정년이 65세이던 시절에 나는 60세가 되면 퇴임하시겠다고 말씀하시곤 하였다. 그러다가 어느 날, 정말 생각하시던 대로 퇴직하신다고 하였다. 섭섭한 마음이지만 평소 말씀하시던 대로 그리하시나 보다 생각했다.

퇴직하신 뒤에도 우리와는 가끔 만나 정담을 나누곤 하였다. 그리고 백제예술대에 강의를 나가시고 글을 쓰시며 사시는 모습이 참 좋아 보였다. 그렇게 몇 년의 세월이 흘렀다. 그러던 어느 여름날 내장산이 보이는 맷돌순두부집에서 점심을 나누었는데, 식사도 많이 하지 못하시고 얼굴이 몹시 수척해 보였다. 그렇지만 그때도 우리는 조금 지나면 좋아지실 거라고 믿었다. 그런데 안타깝게도 얼마 뒤, 선생님께서는 홀연히 세상을 떠나셨다. 그 집에서의 만남이 마지막이 될 줄이야 전혀 생각하지 못했다. 참으로 가슴 아프고 허전한 생각이 들어 마음 한구석이 텅 빈 느낌이었다.

생각해 보면 운정 선생님은 참으로 겸손하고 인정이 많으며 학처럼 고고한 분이셨다. 항상 우리에게 조용히 다가와 다정하게 말씀을 해주시는 형님 같은 분으로, 비록 흠결이 있는 이들에게도 탓하거나 흉을 보지 않는 넉넉한 분이셨다. 참으로 존경받을 만한 교육자요, 선비셨다. 그런 훌륭한 분을 가까이 모시고도 우리는 그분을 잘 알아보지 못했다는 생각이 든다. 부족하고 변변치 못했던 내게 많은 사랑을 주셨던 운정 선생님! 이제야 너무도 고맙고 감사한 분이셨다는 걸 깨닫는다. 내게 주신 〈향기 나는 부부에게〉란 패를 통해 선생님의 깊은 사랑과 따뜻한 정을 느낀다. 오늘따라 잔잔하게 미소 지으며 두 손을 잡아주시던 운정 선생님의 다정한 모습이 너무도 보고 싶고 그리운 마음 더욱 간절해진다.

(2018. 4. 4.)

내장산이 있어서 행복하다

올여름은 유난히도 무더운 나날들이다. 마치 찜통에 들어가 있는 듯한 느낌을 주어 더위를 쫓아보려고 무던히도 애를 썼다. 선풍기와 에어컨을 동원하여 더위를 내쫓으려고 하지만 전기세가 많이 나오니 오랜 시간을 에어컨에 의존할 수도 없는 형편이다. 그래서 더위를 피해 우리 부부는 자주 내장산 골짜기를 찾았다.

오전 열 시쯤 물과 돗자리 그리고 약간의 간식거리를 챙겨서 아내와 함께 내장산으로 간다. 맑고 푸른 물이 넘실대는 내장호수를 돌아가면 갑오 동학 100주년 기념탑이 있는 호수공원과 내장산 단풍 생태공원에 이른다. 다시 단풍나무와 벚나무가 어우러진 가로수 길을 달리면 국립공원 입구 상가 지역이 나온다. 이곳도 여름철에는 대체로 한산한 편이다. 그곳에서 다시 계곡을 따라 올라가면 매표소가 나온다. 몇 년 전부터 단풍이 절정을 이루는 가을철을 제외하고는 정읍시민들에게는 무료로 산을 개방하고 있어 항상 고맙고 가벼운 마음으로 내장산을 찾을 수 있어서 행복하다. 정읍시민들에게는 내장산은 어머니와도 같이 정겹고 고마운 은혜로운 산이다.

매표소를 지나 단풍나무 우거진 가로수 길을 따라 내장산 골짜기를 오르내린다. 가볍고 시원한 바람이 살랑 불어와 부드럽게 내 뺨을 스치며 지나간다. 대낮인데도 숲속으로 난 길은 이른 새벽길처럼 어둡고 그늘져 있어 시원하고 상쾌하다. 우화정을 지나 일주문과 케이블카가 있는 정류장 주차공간에 차를 세워놓고, 아내와 나는 휴식하기 좋은 장소를 찾아간다. 그곳 시원한 나무 그늘에 돗자리를 깔고 세상 근심 걱정 모두 훌훌 털어버리고 휴식을 취한다. 이 순간만은 그렇게도 마음이 편안하고 자유로울 수가 없다.

내장 단풍을 비롯한 여러 종류의 단풍나무와 느티나무 그리고 삼나무와 편백과 감나무 등 온갖 나무들이 빽빽이 들어찬 계곡의 숲은 우리를 무더위로부터 시원하게 해방시켜준다. 이곳에서 잠시 세상일을 잊고 무더위를 피해 휴식을 취하면 천국이 따로 없다는 생각이 든다.

한참 동안 휴식을 취하고, 책을 펴 사색의 바다에 푹 빠져들다 보면 시간이 흘러 배고픔이 살며시 고개를 내민다. 준비해온 간식으로 가볍게 점심을 때우고 잠깐 아내와 산책을 한다. 잘 정돈된 둘레길을 따라서 내장사 방향으로 걸어본다. 여기저기서 들려오는 매미들의 노랫소리와 저만치에서 들려오는 산새들의 지저귐 그리고 계곡을 따라 졸졸졸 흐르는 시냇물 소리는 나를 고요의 깊은 바닷속으로 내몬다. 내 앞에 펼쳐지는 아름다운 정경을 취해 있다 보면, 초남楚南 조부님의 한시가 문득 떠오른다. 일찍이 조부님께서는 내장사를 둘러보시고 아래와 같이 한시 한 수를 읊으셨다.

〈題 內藏寺〉: 내장사를 시제로 하여

石氣 摩天屹 水聲 捲谷來 (석기 마천흘 수성 권곡래)
內藏 藏不得 唯有 洞門開 (내장 장부득 유유 동문개)

돌의 기운이 하늘 높이 우뚝 솟아오르고
물소리는 골짜기를 휘감아 내려오네
내장은 얻을 수 없는 귀한 것을 감추었으니
오직 가람이 있어 그 문이 활짝 열려 있구나

조부님께서 지으신 한시를 읊으며 주위를 살펴보면 조금이나마 그 분의 마음을 헤아릴 수 있을 것 같다. 서래봉을 바라보면 우뚝 솟은 바위의 기운이 솟아오르고, 신선봉 골짜기를 휘감아 내려오는 물소리가 우리의 마음을 넉넉하게 적셔줄 것만 같다. 내장산은 속세에서 얻기 어려운 귀한 보물을 품에 안고 있으니, 부처님을 통해서 세상 사람들이 그 가르침을 얻을 수 있겠다는 의미가 담겨 있지 않나 생각된다.

봄에는 싱그러운 신록으로, 여름에는 맑은 물과 시원한 그늘로, 가을에는 온 산을 울긋불긋 물들인 빼어난 단풍으로 그리고 겨울에는 온 산하를 새하얀 눈꽃 세상으로 만들어주어, 사시사철 아름다움을 선사하는 내장산은 우리에게는 어머니와 같이 자비로운 산이요, 보배로운 산임이 틀림없다. 이런 내장산이 가까이에 있어, 정읍에 사는 사람들은 늘 행복하다. 아무튼, 이토록 무더운 삼복더위에 이렇게 아름다운 명산에서 휴식을 취할 수 있다니 우리 정읍시민들은 얼마나 복 받은 사람들인가?

2년 전 화재로 소실되었던 내장사 대웅전이 새로 잘 복원이 되어 산사를 찾는 우리의 마음을 한층 더 가볍게 한다. 내장사를 뒤로하고 신비로움을 간직한 둘레길을 내려오며 마음껏 자연을 호흡한다. 숲이 있어서 우리가 여기에 있고, 이런 숲으로부터 많은 혜택을 받으며 살고 있음에 감사드린다.

더불어 내장산을 이렇게 아름답고 깨끗하게 관리하는 모든 분에게 고마운 마음 전하고 싶다. 나도 내장산과 숲이 베풀어주는 혜택에 보답하는 마음으로 이곳을 아름답고 빼어난 산으로 가꾸는데 시민의 한 사람으로서 정성을 다해야겠다. 오늘 하루도 내장산이 있어서 참으로 즐겁고 행복하다.

(2016. 08. 16.)

졸업 4품제

학교법인 이사장님으로부터 학교장 지명을 받고 교장 연수를 준비하고 있는 동안이었다. 그때, 나는 학생들에게 진학 준비에 매진해야 하는 3학년 때를 제외한 고교과정 2년 동안 대학 입시 준비 외에 무엇을 더 지도할 것인가에 대하여 많은 고민을 했다.

인문계 고등학교에 입학한 학생들은 3년 동안 온통 대학 입시 준비를 위하여 매진하다가 졸업을 한다. 졸업한 뒤에 학생들은 고등학교 과정에서 과연 무엇을 배웠다고 말할 수 있을까? 나는 우리 학생들이 같은 또래의 다른 학교 학생들과는 달리 무엇인가를 더 배우고 익힌 후에 학교를 졸업하도록 해야겠다고 마음먹었다. 그러려면 무엇인가 지금까지와 다른 어떤 것을 지도해야 한다고 생각했다.

그래서 오랜 고민 끝에 나는 고등학교 과정 2년 동안 우리 학생들에게 다음과 같이 적어도 4가지 능력을 갖추도록 지도하겠다고 결심했다.

첫째, 무도 능력을 길러 자신감을 가진 학생으로 기르자.

둘째, 악기 연주 능력을 갖춘 여가를 즐길 수 있는 학생으로 기르자.

셋째, 컴퓨터 활용 능력을 키워 사무 능력을 기르자.

넷째, 교과 능력을 갖춘 지적인 학생으로 기르자.

이상과 같은 능력을 2년 동안 갈고닦아 어느 정도 수준의 네 가지 품격을 갖춘 학생들로 만들어 졸업시키도록 하자고 생각한 것이다. 이렇게 고교과정에서 입시 준비만 하지 않고 위와 같은 능력을 갖춘 학생을 길러낸다면 매우 보람된 교육이 될 것이라는 생각을 했다. 그래서 3개월 동안의 교장 연수를 받는 과정에서도 위 내용을 수정하고 또 보완하며 준비를 해두었다.

2008년 9월 학교장에 취임한 나는 학교 비전을 제시하고 또 2009학년도부터 학생들을 어떻게 교육할 것인가를 교감 선생님과 협의했다. 그러던 중에 "하늘은 스스로 돕는 자를 돕는다."라고 했던가 내가 준비해온 것들을 실현할 기회가 왔다. 교육부에서 특색 있는 교육을 운영할 학교를 공모한 것이다. 나는 먼저 연구부장을 불러 나의 계획을 설명하고 특색 있는 학교 운영에 참여하면 어떻겠냐고 의견을 물었다. 연구부장도 참 좋은 생각이라며 내 생각에 동의해 주었다. 교감 선생님과 기획력이 뛰어난 연구부장을 포함하여 각 부장 선생님들과 토론하는 시간을 가졌다.

그런 뒤, 우리는 고등학교 2년 동안 4가지 능력을 갖춘 학생들을 길러서 졸업시키는 졸업 4품제를 운영하는 특색 있는 학교로 교육부 공모에 응모하기로 하였다. 즉, 고등학교 2년 동안 교육을 통하여 첫째 태권도 2단 이상 무도 능력을 갖춘 학생, 둘째 1인 1악기 연주 능력을 갖춘 학생, 셋째 워드 2급 이상 능력을 갖춘 학생, 넷째 1교과 이상의 교과 인증 능력을 갖춘 학생 등 이상과 같은 능력을 갖춘 학생을 기르는 졸업 4품제를 운영하는 특색 있는 학교를 내용으로 담아 교육부에 응모 공문서를 제출하였다.

그 결과 전국 2500여 개 고등학교 중에서 100대 특색 있는 학교로 선정되어 교육부로부터 4,000만 원의 운영비를 지원받고 학생들로부터 일정 금액을 받아 2009학년도부터 우리가 계획한 교육을 할 수 있게 되었다.

겨울방학 기간에 우리는 2009학년도 학교교육계획을 수립하면서 졸업 4품제를 운영하는 특색있는 학교 운영을 위한 준비를 하였다. 태권도 강사는 본교 출신 사범을 초빙하기로 하고, 플루트, 대금, 기타 등은 음악 선생님과 본교 교사 중에서 연주 능력이 뛰어난 분을 선정하였으며. 워드 강사는 전북과학대학교 교수 두 분을 초빙키로 하였고, 교과 인증 지도는 학교 선생님들을 선정하여 지도하기로 하였다.

지도 시간은 태권도는 방과 후 시간을 주 2시간씩 운영하고 악기 지도는 특별활동시간을 주 1시간 지도하며, 워드는 정보산업 시간을 활용하고, 교과 인증은 교과 시간과 방과 후 시간을 활용하기로 하였다. 지도 강사에게 지급되는 수당은 교육부에서 받은 지원금과 학생 1인당 징수한 교육비를 통해서 지급하기로 하였다.

이와 같이 졸업 4품 제 운영을 위한 만반의 준비를 하여 3월부터 교육을 시작하였다. 약간의 시행착오가 있었지만, 우리가 계획한 대로 대학입시지도에 지장을 주지 않으면서 학생들을 지도하였다. 다만 시작단계에서 건강이나 개인 사정을 이유로 참여를 꺼리는 일부 학생들이 있었다. 그러나 1년 동안 운영하면서 대다수 학생이 태권도 유단자가 되었고, 1 악기를 연주할 수 있었으며, 또 워드 능력을 갖추어 가면서 점차 참여하는 분위기가 달라졌다.

이렇게 2년 동안 졸업 4품제를 운영한 뒤, 학생들을 졸업시킬 때에 졸업생들이 대부분 태권도 유단자가 되었고, 1악기 이상 연주할 수 있게 되었으며, 워드 능력을 갖추고 또 한문, 수학, 외국어, 한국사, 정보 소양 등의 과목 중에서 1교과 정도의 인증 능력을 갖춘 뒤 졸업을 하게 된 점이 참으로 자랑스럽고 보람되었다.

우리 학생들이 졸업한 뒤에 대학에 진학하거나 직장에 들어가 동료들과 함께 생활할 때 자신감을 가지고 주저함이 없이 자기의 생각을 말하고 또 동료들과 서로 어울리며 생활할 수 있을 것이란 생각이 들어 너무 마음이 뿌듯했다. 그리고 그동안 함께 열정을 다해 노력해 주신 선생님들이 너무나도 고마웠다. 비록 4년이란 기간밖에 지도하지 못해 아쉬움은 컸지만 참으로 보람되고 의미 있는 교육 활동이었다고 생각한다. 현재도 학교에서는 일부 내용을 수정 보완하여 꾸준히 지도하고 있다고 하니 흐뭇한 마음 그지없다. 그동안 나와 함께한 모든 분에게 감사의 마음 전한다.

(2016. 08. 04.)

한반도 평화, 그 새로운 시작

오늘은 우리가 모두 기다리고 기다리던 제3차 남북정상회담이 열리는 날이다. 우리 민족의 염원인 평화통일로 가는 첫걸음을 잘 내딛기를 바라는 마음 간절하다. 그동안 나는 매일매일 한반도 비핵화와 평화통일이 이루어질 수 있도록 도와주시라고 레지오 단원으로 정성을 다해 하느님께 기도해 왔다. 나는 우리들의 정성스러운 기도가 하늘에 닿는다면, 온 겨레가 염원하는 한반도 평화통일은 틀림없이 이루어질 거라고 굳게 믿는다.

아침 뉴스에 판문점 정상회담을 위해 문재인 대통령께서 아침 8시에 청와대를 출발하였고, 김정은 국무위원장도 새벽에 평양에서 출발하여 판문점으로 향하고 있다고 한다. 참으로 가슴 떨리고 마음 설레는 순간이다.

과거 역사를 되돌아보면, 우리 민족은 한반도를 중심으로 터 잡아 살아왔다. 삼국시대 그리고 후삼국 시대로 나라가 갈라져 있을 때마다 항상 하나로 통일을 이루고자 몸부림을 다했다. 그리하여 신라가 220

여 년을, 고려가 456년을, 그리고 조선이 518년을 통일국가로 한반도를 다스렸다. 이처럼 우리 민족은 과거에도 분열된 상태에서 항상 하나 되고자 부단히 노력을 해왔음을 역사를 통해서 알 수가 있다.

그러다 1910년 일본에 합방되어 36년간 나라를 잃고 암울하게 살아가게 되었다. 그런 가운데 수많은 애국지사가 국내외에서 치열하게 독립운동을 해오던 중에, 1945년 제2차 세계대전이 연합국의 승리로 우리도 해방을 맞았다. 그러나 불행히도 강대국들의 뜻에 따라 남북으로 갈리는 약소국으로서의 아픔을 겪어야만 했다.

설상가상으로 1950년 민족상잔의 비극인 한국전쟁으로 수많은 희생을 겪은 끝에, 1953년 7월 27일 휴전협정을 하게 되고, 중립국 감독위원 회의실과 회담장이 오늘 남북정상회담이 열리는 판문점에 들어섰다. 그리고 다시 66년이란 오랜 세월 속에서 수많은 대립과 갈등이 이어져 우리 민족은 세계에서도 유일하게 분단된 불행한 민족으로 수많은 동포가 이산의 고통과 슬픔을 간직한 채 하루하루를 힘겹게 살아왔다. 이제는 남북이 하나로 통일될 때가 되었다고 굳게 믿는다.

그동안 남북 대치상황에서 적지 않은 군사적 충돌과 대립이 있었다. 또 그 대립을 풀어내기 위하여 남북 간 두 차례의 정상회담을 비롯한 수많은 대화와 이산가족 상봉, 개성공단 운영, 금강산 개방 등의 여러 가지 노력을 시도했다. 그렇지만 또다시 천안함 폭침, 연평도 포격 등으로 상황이 나빠졌다.

90년대 중반부터 북한 경제가 악화되어 고난의 행군 시대를 맞으면서 북한 주민들이 독재 억압과 생활고를 피해 탈북하는 사태가 벌어져 지금까지 3만여 명이 넘는 탈북민들이 국내에 들어와 정착하고 있다. 그사이 북한은 3대에 걸친 독재정권의 세습이 이루어졌고, 2010년 이후부터는 정권을 유지하고자 핵과 미사일 개발에 더욱 매달려 우리나라, 미국 그리고 일본과의 대립이 치열해지고 있다. 이에 미국을 중심으로 한 유엔의 경제제재가 지난해부터 한층 더 강화되어 북한은 갈수록 고립되고 경제는 날로 침체의 늪으로 빠져들게 되었다. 이렇게 되다 보니, 김정은 정권이 국경 봉쇄를 강화한다 해도, 지난 한 해 동안에도 1100여 명에 이르는 목숨을 건 탈북자들의 행렬이 지속되고 있음을 집계를 통하여 확인할 수가 있다.

이 모든 상황을 보면 김정은 정권은 제아무리 핵 개발과 미사일 개발로 큰소리를 친다지만, 미국을 비롯한 유엔회원국들의 갈수록 강하게 조여 오는 제재와 압박으로 인하여, 마음 한구석에는 내일을 장담할 수 없는 어려운 상황이 다가옴을 느끼며 어찌 두려운 마음이 크지 않겠는가. 아니 오히려 미국과의 협상력을 최대로 키워 보다 많은 것을 얻어내기 위해서 지금까지 그렇게 핵 개발과 대륙간 탄도미사일 실험에 집중해왔는지도 모르겠다는 생각마저 든다.

그래서일까? 2018년 김정은 국무위원장은 신년사를 통해 남북 간에 대화 의사를 밝히고 평창 동계올림픽에 선수단과 응원단 및 삼지연 관현악단 파견을 밝히더니, 이윽고 2월 9일 평창 동계올림픽 개막행사에 김영남 상임위원장과 그의 가장 신뢰하는 여동생 김여정 제1부부장을 특사로 깜짝 파견함으로써 남북, 북미 간의 대화의 길을 열었다. 이에 정부에서도 3월 5일에 대북 특사단을 파견하여 김정은 국무위원장의 의중을 파악하였다. 이어서 미국, 중국, 일본, 러시아에 특사단을 파견하여 김 위원장의 의지를 전달함으로써 북미 정상회담을 이끌어 내는 극적인 결과를 얻어낼 수 있었다.

오후 일정으로 정상회담이 더는 재개되지 않는 점으로 보아, 오전에 있었던 100분간의 회담을 통해서 남북 간의 문제와 북미협상의 돌파구 마련을 위한 내용이 이미 충분히 협의가 되었다는 생각이 들었다. 나는 TV를 통한 남북 정상들의 만남과 그들의 진지한 대화 모습을 지켜보면서, 그들이 정말 최선을 다하고 있음을 느낄 수 있었다. 김정은 위원장은 자신과 북한이 처한 상황을 잘 알고 있으며, 어떻게 하는 것이 문제를 풀 수 있는 길인가를 진지하게 고민하고 있음을, 문 대통령과 오후 30분간 도보 다리에서의 대화 장면을 지켜보면서 엿볼 수 있었다. 문 대통령은 어떻게 해서든지 북 미간의 대화가 잘 이루어질 수 있도록 김정은 위원장에게 진심을 담아 조언을 하고 또 설득하고 있지 않았나 하는 생각을 해보았다.

오후 6시경에 남북 정상이 발표한 판문점 선언을 통해서 우리는 한 민족이요, 우리 문제는 우리가 자주적으로 풀어나가야 한다는 점을 밝힌 대목을 보면서 정상들이 서로 동질감을 느끼며 문제를 해결해 나가려 하고 있음을 느낄 수 있었다.

나는 남북 정상들이 마음을 다하고, 여야를 비롯한 온 국민이 마음을 모아 한반도 평화통일을 위해 노력한다면 이루어내지 못할 이유가 없다고 확신한다. 제발 오늘의 판문점 공동선언이 서로가 깊은 신뢰를 쌓으면서, 우리 민족의 염원인 완전한 비핵화를 통한 한반도 평화, 그 새로운 시작을 알리는 평화의 종소리가 삼천리 방방곡곡에 힘차게 울려 퍼지기를 간절히 빌어본다.

(2018. 04. 27.)

맹물처럼 순수하게

육군 화학학교에서 교육을 마치고 ○○사단 화학지원대에 배치를 받아 졸병 생활을 하던 1972년 7월 중순이었다. 나는 부대 선임병 두 명과 함께 유격훈련을 받으라는 부대명을 받고 두려운 마음으로 사단 유격훈련장에 입소했다. 날씨가 무더운 가운데 장마철이라 가끔 장대비가 내렸다.

드디어 각 코스에서 조별로 훈련이 시작되었다. 코스마다 유격훈련을 시작하기 전 조교는 훈련병들이 긴장을 풀지 않도록 체력 단련을 위해 피트 체조를 시킨다. 긴장이 풀린 훈련병이 있으면 단체로 오리걸음, 풋샵, 원산폭격, 선착순 등등 많은 기합으로 항상 긴장을 유지케 한다. 이런 과정을 거치며 유격훈련 코스를 돌다 보면 병사들은 지쳐 녹초가 되어버린다. 나중엔 마지막 아기 젖 먹던 힘까지 동원해 악을 버럭버럭 써가며 훈련에 임해야 했다.

장대비가 내리는 가운데 지칠 대로 지쳐버린 우리 조는 개울가에서 기합을 받고 있었다. 우리는 반복되는 기합으로 땀이 뒤범벅된 가운데

심한 갈증을 느끼며 모두 지쳐가고 있었다. 그 무렵, 우리에게 물속에 드러누우라는 지시를 한 조교는 마치 우리를 지옥에서 벗어나게 해주는 천사처럼 느껴졌다. 물속에 드러누운 채, 우리는 이미 흙탕물이 되어버린 개울물을 한동안 꿀꺽꿀꺽 들이마시며 갈증을 해소하는데 주저함이 없었다. 사실 그 흙탕물은 그저 밍밍한 맹물이었지만, 꿀처럼 달게 마신 그때의 물맛을 40년이 훨씬 더 지난 지금도, 옹달샘 물이나 맑은 시냇물을 마실 때 느끼던 그 맹물 맛으로 기억하며 잊지를 못한다.

물에는 마실 때 그 느낌에 따라 짠물, 단물, 떫은 물, 쓴 물, 맹물 등으로 구분되는데, 아마도 그중 제일 좋은 것은 순수함을 잃지 않은 맹물일 것이다. 장일순은 〈노자 이야기〉에서 맹물에 대해서

> 물에도 여러 가지가 있는데 가장 좋은 물은 무미無味한 맹물이다. 아무 맛도 없는 게 맹물로, 이 물은 날마다 마셔도 괜찮다. 꿀물은 달지만 오래 마시면 마시기가 싫어진다. 우리는 가끔 마시는 것을 '귀하다.'고 여기며, 매일 마시는 것은 별로 귀한 줄 모른다.

라며 맹물의 귀중함을 에둘러 표현하고 있다.

나도 여느 사람들처럼 맹물을 무척 좋아한다. 꼭 옹달샘에서 퐁퐁 솟아오르는 시원한 물이나, 산골짜기를 흐르는 맑은 시냇물, 또는 이름난 약수터에서 퍼마시는 그런 물이 아니더라도 시원하고 상큼한 맛

을 지닌 그런 물이라면 더없이 좋다. 맹물은 아무 맛이 없고 그저 맹맹하지만 아무 부담 없이 마실 수 있어서 좋다.

옛사람들은 맹물은 모든 맛을 포용하는 덕이 있다고 보았다. 그런 맹물처럼 나도 특별히 향기 나는 그런 사람은 되지는 못한다 할지라도 이웃을 받아들이고 품에 안을 수 있는 그런 넉넉한 마음을 지니고 산다면 얼마나 좋을까 싶다. 사람들은 항상 특별하고 자극적인 것을 바라지만, 진짜 좋은 것은 맹물처럼 지극히 평범하고 담백한 것이라야 한다. 그래야 질리지 않는다. 나는 맹물이 좋아 친구들과 맹물회란 모임을 만들어 40여 년 가까이 그들과 사이좋게 잘 지내오고 있다.

옛사람들은 맹물을 일러 현주(玄酒: 제사를 지낼 때, 술 대신 쓰는 맑은 찬물)라 불렀다. 모든 술맛의 근본이 맹물에 있는 까닭에 연회를 시작하기 전에 늘 깨끗한 맹물 한잔을 먼저 마셨다. 그래야 술과 음식의 맛을 제대로 느낄 수 있다고 생각했다. 또 맹물을 군자차君子茶라고도 했다. 온갖 차 맛의 근본은 맹물에 있는 것이니, 연회의 마지막엔 군자처럼 맹물 한잔을 시원하게 들이키며 입을 헹구고 마음을 담백하게 했다.

노자는 물에는 일곱 가지 덕德이 있다고 했다. 첫째는 물은 높은 데서 낮은 곳으로 흐른다. 높은 위치에 있다 하여 항상 거만하지 않고 스스로 낮은 곳으로 내려올 줄 안다 해서 이를 겸손謙遜이라 하였다. 둘째는 물은 흐르다 막히면 멈추지 않고 돌아서 흘러간다. 이러한 덕을 지혜智慧라고 하였다. 셋째 물은 심지어 구정물까지도 받아준다. 이러한 물의 덕을 포용력包容力이라 했다. 넷째 물은 어떠한 그릇에도 담긴다. 이러한 물의 덕을 융통성融通性이라 보았다. 다섯째 물은 바위도 뚫는다. 이러한 물의 덕을 인내와 끈기라고 했다. 여섯째 물은 높은 계곡 낭떠러지를 흘러내리는 장엄한 폭포수가 되기도 한다. 이런 물의 덕을 용기勇氣라 했다. 마지막으로 물은 유유히 흘러가 마침내 바다를 이룬다. 이러한 물의 덕을 대의代議라 보았다. 이와 같이 노자가 본 물이 지닌 여러 가지 덕을 생각하며 나도 물처럼 살아야겠다는 생각을 해본다.

물 가운데 특히 맹물은 때와 장소를 가리지 않고 남녀노소, 동식물 구분 없이 어느 것에나 없어서는 안 될 아주 중요한 생명수이다. 시기하거나 질투하지 아니하고 뜨겁거나 얼었다가 다시 제 위치로 돌아올 수 있는 것이 바로 맹물이다. 나는 특별히 달지도 않고, 맵지도 않으며, 쓰다거나 짜지 않은 맹물처럼 그렇게 순수함을 잃지 않으면서 세상이 필요로 하는 그런 존재로 살고 싶다. 세상 사람들도 맹물처럼 순수한 마음을 지니고 살아간다면 얼마나 좋을까.

(2019. 4. 2.)

제2부

어머니의 빈자리

나를 낳아주시고 길러주시어 세상으로 나갈 수 있도록 이끌어주신 어머니! 지금까지 어머니가 내 곁에 계시어 어려움 같은 것은 크게 느끼지 못하며 살아왔던 것 같다. 그런데 세월의 무게를 이겨낼 수 없으셨던지, 어머니께서는 아흔둘이 되시면서 요양원으로 들어가셨다.

이따금 찾아가 뵈 오면, 어머니는 내가 그리도 좋은지

"아이고, 우리 큰아들 왔구나!"

하면서 반갑게 웃으며 맞아주셨다. 그리고 어머니는

"주위에서 나를 복덩이 할머니라고 하니 참으로 좋구나!"

라고 하면서 행복해하시니, 나는 얼마나 마음 든든하고 편안했는지 모른다. 어머니와 서로 포옹을 나누고, 지난 시절 얘기를 나눈 뒤

"어머니! 항상 저희 남매들이 있으니, 마음 편히 오래오래 사셔야 해요."

하고 말씀드리면, 어머니는

"아이고 내 나이가 얼만데, 이제는 가야 할 때가 되었으니, 네 아버

지 곁으로 가야지야."
라고 하시면서도 흐뭇한 표정이셨다.

그래도 지난여름까지는 건강이 좋아 보이셨는데 추석이 지난 뒤 찾아뵈었더니, 그냥 바라보기만 하실 뿐, 아무 말씀도 하지 않으셨다. 요양원을 다녀온 뒤, 가슴 졸이며 하루하루를 지내고 있는데, 여동생한테 어머니께서 다시 웃음을 찾고 건강도 좋아지셨다는 연락이 와 그제야 짓눌렸던 마음 다소나마 펼 수 있었다.

그런데 지난 11월 9일, 여동생으로부터

"아무래도 어머니가 이상하니 다녀오는 게 좋겠네요."
라며 긴 한숨을 내쉬었다. 이튿날 곧바로 남동생과 함께 어머니를 찾아뵈었다. 어머니는 이미 저세상으로 먼 길을 떠날 채비를 서두르고 계셨다. 동생들과 어머니 마지막 가시는 길을 대비하기로 하고, 하느님께 편히 가실 수 있도록 도와주시라며 기도를 드렸다.

그리고 다음 날, 하늘도 맑고 푸른 11일 이른 아침, 어머니께서는 세상 모든 것들을 가벼이 훌훌 털어버리고 저세상으로 여행을 떠나셨다. 어머니께서 편안히 가실 수 있도록 우리 가족과 친지와 교우들이 마음을 모아 기도드리며 정성을 다하였지만 아쉽고 후회되는 마음 가득하다. 어머니의 가시는 길이 복되고 편안한 꽃길이 되도록 빌어준 많은 이들 계셔서 슬픈 우리들에게는 그나마 따뜻한 위로가 되었다.

어느덧 어머니 떠나신 지 한 달이 다 되었다. 창밖에는 찬바람이 분다. 나뭇가지에 대롱대롱 매달린 이파리 몇 개가 추위에 으스스 떨고 있다. 주위의 많은 이웃이 어디론가 떠나버려 옆구리가 시리고 허전하게만 느껴진다. 어린 시절에는 부모님과 우리 남매들, 그리고 친지들이 있어서 항상 마음 든든하고 행복했었다. 그래서 춥고 시린 줄은 전혀 몰랐다. 오히려 그들이 귀한 줄 모르고 때로는 버겁고 귀찮다는 생각마저 했었다. 그런데 나이가 들면서 그들이 하나 둘 내 곁을 떠나간다. 그러면서 내 주위는 헤싱헤싱해져 허허롭게만 느껴진다.

해마다 봄이 오면 만물은 희망찬 모습으로 새 생명의 싹을 틔우고 또다시 힘찬 도약을 시작한다. 그리고 치열한 몸부림 끝에 마침내 그 결실을 맺는다. 그러나 다시 시간이 흐르면 그들을 떠받쳐주던 이파리들마저 하나, 둘 떨어져 버리고 결국 온갖 것들은 헐벗은 채 수면의 아래로 잠기고 만다. 그리고 이런 현상은 해마다 거듭된다. 우리 인간도 자연의 한 부분으로 그 과정을 벗어날 길이 없는 것 같다. 그래서 더욱 쓸쓸하고 허무한 마음 가득하다.

세상을 떠나신 나의 어머니! 어머니가 계시어 내가 사는데 그렇게 마음 든든하고 편안했다. 그런데 어머니께서 떠나시고 나니 그리도 내 마음 시리고 헛헛하기만 하다. 어머니의 품속이 내 마음을 그리도 편안하고 느긋하게 품어주던 곳이었음을 이제야 사무치게 느낀다. 어머니 떠나신 빈자리가 너무도 크고 공허하게만 느껴진다.

(2018. 12. 14.)

효녀 여동생

우리 부모님께서는 자녀를 삼남 오녀를 두셨다. 나는 우리 남매들 가운데에서 맏이다. 8남매 중에서 큰여동생이 어려서부터 몸이 허약하여 나이 20을 넘기지 못하고 세상을 떠났다. 내가 군 복무를 마치고 집에 돌아왔을 때는, 큰여동생은 건강이 악화되어 병원에 입원해 치료 한 번 제대로 받아보지 못한 채 세상을 떠난 뒤였다. 너무나도 안타깝고 가슴이 저렸다.

그렇게 우리는 7남매가 되었다. 나는 아주 잘 살지는 못한 집안이지만 장남으로서 부모님의 많은 기대 속에서 큰 대우를 받으며 자랐다. 그렇지만 내 바로 아래 남동생과 두 여동생은 넉넉하지 못한 집안 사정으로 인하여 중고등학교를 정상적으로 진학할 수가 없었다. 남동생과 여동생 하나는 직물공장에 가 일을 해야만 했고, 이제는 첫째가 된 여동생은 검정고시를 보아 서울에 있는 야간 고등학교에 진학해야만 했다.

내가 군에 가 있는 동안 서울에서 낮에는 직장에 다니면서 야간에 고등학교를 다니게 된 큰여동생은 직장에서 받는 적은 월급과 부모님 그리고 작은오빠의 도움을 받아 고등학교를 마칠 수 있었다. 졸업한 뒤에 곧바로 세무사 사무실에 들어갔다. 그곳에 다니면서 부모님을 도와드리고 또 셋째 여동생과 남동생의 고등학교, 대학과정을 마치는 데 헌신적으로 많은 도움을 주었다. 나도 장남으로서 가정을 꾸리면서 부모님과 동생들에게 도움을 주었지만, 내 큰여동생은 넉넉하지 못한 봉급을 쪼개어 본인의 대학 학비를 마련하고 또 부모님과 동생들을 도움을 주기 위하여 온갖 노력을 다하였다.

셋째 여동생을 서울로 불러올려 중고등학교 과정을 마칠 수 있도록 도왔고, 결혼생활을 하면서도 재수를 하게 된 남동생을 데려다가 대학 과정을 마칠 수 있도록 도와줌으로써 나와 더불어 집안의 큰 짐을 떠안았다. 부모님에게는 효녀요, 장남인 나에게도 많은 도움을 준 정말로 고마운 여동생이 아닐 수 없다. 아버님께서 살아 계실 때, 부모님께 항상 정성을 다하는 모습은 우리 형제들에게 본보기가 되어 주었고, 큰여동생이 있어서 항상 마음 든든하였다.

아버님께서 별세하신 뒤에 남동생과 막내 여동생 뒷바라지를 위해 서울로 이사하신 어머니를 가까이에서 모시며 마음 편하게 해주는 동생 덕분에 장남인 나는 큰 부담을 덜며 생활할 수 있었다.

큰여동생은 고등학교 교사인 매제와 함께 시어머니 공경과 시댁 형제자매들과 우애하는 데에도 소홀히 하지 않았다. 또 친정을 위하여 정성을 다하는 가운데 가정 살림을 늘리는 데에도 힘써 오늘날 어느 누구 부럽지 않게 잘살고 있다. 매제도 진학지도 전문가로서 전국적으로 그 명성을 떨치고 있다.

지난봄 92세가 되시어 건강이 좋지 않은 어머니를 정읍 요양병원에 모실 때에도 서울에서 정읍까지 그 먼 길을 매주 한 번씩 어머니께 드릴 반찬을 준비하여 내려오는 그 정성은 하늘이 내린 효녀가 아니고서는 도저히 그럴 수가 없을 것 같다. 그래서 어머니는 항상 큰여동생을 의지하시고 또 동생 앞에서 마음 편히 사시는 것 같다.

요양병원에서의 경과가 기대에 미치지 못하자 둘째 여동생이 어머니를 모시겠다고 하여 다시 부천으로 모셨다. 그랬더니 어머니께서는 요양병원에서보다는 훨씬 좋다고 하시며 흡족해하신다. 지금도 큰여동생은 부천까지 매주 한 번씩 밥반찬을 만들어 가져다 드린다고 한다. 큰여동생이 쏟는 정성을 보아 하느님께서는 어머니의 건강이 좋아지도록 도와주실 것으로 믿는다. 우리가 7남매나 되기에 어머니를 모시는 데 큰 어려움이 없는 것 같아 참으로 고맙고 감사한 마음 가득하다.

그러나 요즈음 젊은 부부들은 자녀를 많이 낳지 않으려고 하니 그들이 나이가 들었을 때 어디에 의지하고 어떻게 살 것인지를 참으로 걱정이 아닐 수가 없다. 형제자매가 여럿이면 부모님을 모시거나 집안 대소사를 치르는 데도 큰 어려움은 없다. 물론 부모님께서 자녀를 기르실 때 고생을 많이 하셨다. 하지만 세상을 사는데 보람되고 값어치 있는 일치고 어디 쉬운 일이 있던가? 고진감래란 말이 있듯이 어렵고 힘겨운 일을 잘 이겨내면 반드시 보람되고 좋은 일이 뒤따른다는 것을 잊지 않고 살아가는 지혜가 필요하다는 것을 느낀다.

하늘이 내린 효녀 큰여동생을 형제자매로 두고 있어서 우리 남매는 행복한 사람들임이 틀림없다. 그녀의 덕택으로 어려운 일들을 부담없이 할 수 있었고 지금도 어머니를 모시는데 서로 마음을 모아 정성을 다하고 있으니 참으로 고맙기 그지없다.

몇 년 전부터 아내와 큰여동생이 뜻을 모아 우리 가족들이 매달 일정액의 기금을 모아 형제자매 모임과 집안 대소사에 사용하기로 하였다. 우리 남매들이 우애 있게 살도록 하는데 참으로 잘한 결정이었다. 그 기금을 모아 지난해부터 조상님들 합동 제삿날에 가족 모임을 위해 보람 있게 쓰고 있다. 그리고 조상님들 산소를 벌초하는 데도 사용하고 있으니 얼마나 좋은지 모르겠다.

효녀 큰여동생이 있어서 늘 마음 든든하고 행복하다. 앞으로도 큰여동생 부부가 백년해로하며 자녀들과 건강하고 행복하게 잘 살기를 주님께 기도드린다. 하느님께서 동생 가정을 사랑하시어 평안하고 행복한 가정이 되도록 이끌어주시리라 믿는다.

(2016. 09. 16.)

자랑스러운 조부님

초등학교 철부지 시절, 글짓기 시간에 선생님께서 글을 쓰라고 하면 그렇게 힘들고 따분할 수가 없었다. 무엇을, 어떻게 써야 할지 몰라 몽당연필로 몇 자 쓰다가 지우고, 다시 또 몇 자 적어보고 지우다 보면 어느새 수업 끝나는 종이 울리곤 하였다. 그래서 나 같은 사람은 도저히 글을 쓸 수 없는 사람이라고만 생각하였다. 그때만 해도 특별한 사람만 글을 쓸 수 있다고 믿고 글을 쓴다는 것은 나 자신은 넘볼 수 없는 영역으로 생각했다. 그런 생각은 중학교, 고등학교 때까지 고착되어 아예 글을 쓴다는 생각은 전혀 할 수 없었다.

그러던 내가 교직에 입문하고, 단편소설과 시를 접하며 또 교직원들과 여행을 다니고 아름다운 자연을 만나면서 내 마음도 조금씩 변화되기 시작했다. 거기에다 사촌 형님께서 할아버지 한시를 모아 ≪초남시집楚南詩集≫을 발간하면서, 나는 어둠 속에서 한 줄기 빛을 발견한 듯한 느낌을 갖게 되었다. 그때까지 나와는 전혀 다른 세계의 일로만 느껴지던, 바로 그 글을 쓴다는 것이 '시인의 손자인 나도 조금은 가능

하지 않을까?'라는 생각으로 변화된 것이다.

할아버지께서는 18세가 되던 해에 부모님과 형님을 떠나보내시고, 서당 훈장님의 심부름 일을 하시며 글을 배우셨다고 한다. 그래도 글재주가 있으셨던지, 글을 익히시어 서당 훈장을 하시고, 한시를 지으시며, 교우들과 교류도 하고, 유랑도 하면서 사셨다. 그래서 할머니와 자식들은 고생을 밥 먹듯 하며 살아야만 했다고 한다. 아버지께서도 글을 배우시는 것보다 끼니를 굶지 않는 것이 우선이어서, 어린 나이에 남의 집에 가 땀 흘리며 일을 해야만 하셨다. 아버지께서 그렇게 젊어서부터 많은 고생을 하셨기에 자식인 우리는 끼니도 거르지 않고 또 학교에 나가 공부를 할 수 있었다.

고등학교 연구부서에 배치되어, 학교 교육계획을 수립하면서 부서별 교육계획과 세부 목표를 세우고, 교육과정을 평가하고 분석도 하면서, 관련된 문장을 다듬다 보니, 나도 모르게 글 쓰는 솜씨가 전혀 없지는 않음을 느끼게 되었다. 자꾸 글을 읽고 쓰다 보니, 나 자신이 능력은 뛰어나지 않으나 글을 쓸 수도 있겠다는 생각을 하게 되었다. 그래서 자주 할아버지의 시집도 읽어 보게 되었으며, 참 좋은 시를 쓰셨다는 것을 알게 되었다. 할아버지의 한 시집에는 800여 수가 훨씬 더 되는 많은 시가 수록되어 있다. 그중에 한 편의 시를 소개하면 아래와 같다.

〈玉梅〉

幽居 未卜山 對汝 却騂顔 (유거 미복산 대여 각성안)

玉潔 眞君子 飄然 出世間 (옥결 진군자 표연 출세간)

그윽하게 살면서도 산을 터 잡지 못해서

너를 대하면 문득 얼굴이 붉어지누나

옥같이 깨끗한 진군자眞君子가

표연飄然히 세간世間에 나왔구나

이른 봄, 매화꽃이 피어나는 모습을 보고서 저렇게 아름다운 글을 쓰시다니 놀랍기만 하다. 많은 시가 이같이 멋있고, 아름답게 표현되어 있음을 보면서 할아버지가 참으로 자랑스럽게 생각되었다.

≪초남시집楚南詩集≫을 보면 할아버지께서는 글에 재능이 많으신 분이셨음을 엿볼 수 있다. 그리고 시제를 살펴보면, 자연과 인간을 사랑하셨고, 사람들과 교류도 많았으며, 서정적인 시를 많이 쓰셨음을 알 수 있다. 그렇지만 암울한 시대에 태어나시어, 가정적으로는 부모를 일찍 여의시고 가난과 싸워야 했으며, 또 일제 치하에서 꿈을 잃고 사셔야 했으니, 도지사 배 내장사 시회에서 장원을 하는 글재주가 있으셨다 한들 무슨 별도리가 있었을까 싶다. 그렇다고 모든 것을 포기하고 사시기보다는 후세들을 지도하고, 각지에 사는 문우들과 교류하며 사셨다. 그리고 때로는 세상을 유람하고, 시와 술을 즐기며 나름대로 시대에 순응하며 살려고 애쓰셨던 것 같다. 그렇지만 불우한 가정

에다 시대까지 잘못 만났으니, 타고난 재능을 한껏 펼치고 사실 수 없었던 점은 참으로 안타까운 마음 가득할 뿐이다.

나이가 든 지금에야 ≪초남시집楚南詩集≫을 통하여 할아버지의 재능을 알게 된 나로서는, 먼저 할아버지의 시를 많이 접하고 이해하는 데 힘쓰며, 후손들에게 전파할 수 있는 계기를 만드는 것이 중요하다고 느낀다. 그래서 온 가족이 만날 수 있는 공간인 조상님 제사 때를 이용하여, 제례를 올리고, 한시 암송대회暗誦大會도 갖기로 작정하고, 지난해부터 실천해 오고 있다. 우리 후손들이 어린 시절부터 할아버지의 혼이 담겨 있는 한시 암송暗誦을 통하여 그분의 가르침과 정신을 배우고 익힐 수 있다면 얼마나 좋겠는가? 시인이셨던 할아버지 후손임이 참으로 자랑스럽고 기쁘다.

(2016. 05. 06.)

복 받게 사신 장인 장모님

세상을 살면서 가장 많은 복을 받은 사람은 누구일까? 가장 돈을 많이 모은 사업가, 아니면 권력을 가진 정치가, 아니면 이름난 학자, 그렇지 않으면 성공한 자녀를 둔 부모 등으로 여러 가지 이유를 들며 복 받은 사람이라고 말할 것이다. 그런 면에서 '우리 장인 장모님도 복을 많이 받은 사람 중 한 분들이 아닐까?'라는 생각을 해본다.

나의 장인어른께서는 장성군 서삼면 신평, 울산 김씨 집안의 4남매 중 장남으로 태어나셨다. 그런데 이 마을 울산 김씨 종가댁이 딸만 셋을 두고 대를 이을 아들을 두지 못하여 대가 끊길 처지가 되었다. 그래서 대를 이을 종손이 될 양자를 찾다가 마침 형제가 많은 장인어른을 양자로 택하게 되었다고 한다.

종갓집 양자로 들어간 장인어른은 10대 후반 이른 나이에, 아주 심성이 착하고 얌전한 광주에 사는 광산 이씨 집안 규수에게 장가를 드셨다. 그리하여 아들 넷, 딸 둘 6남매를 낳아 집안을 번창하게 하자, 집안에서 많은 칭송을 받았다고 한다.

두 분은 종갓댁 적지 않은 재산을 이어받아 먹고사는 데는 별걱정이 없으셨다. 그래서 오직 조상님들 제사 잘 받들고, 대소가와 서로 우애하며 사는 일에 온갖 정성을 다하였다. 집이 낮은 곳에 있어 장모님은 조상님들께 제사 모시랴, 습한 곳에서 자식들 낳아 기르는 일로 아주 고생이 많았다고 한다. 온화하고 심성이 고우신 장모님은 습한 방에서 자녀를 낳은 뒤 산후 처리를 제대로 하지 못해 40대부터 돌아가실 때까지 신경통으로 고생을 많이 하셨다.

아내에 따르면 장모님은 1년에 열세 번이나 조상님 제사를 모셔야 했다. 또 대소가에서 여러 사람이 찾아와 오랜 기간 머물렀다 가곤 하여 그들을 뒷바라지하느라 고생을 많이 하셨단다. 그때만 해도 제사 준비는 집에서 모두 해야 하고 또 손님 접대를 해야 하니 얼마나 고생이 많았을까 짐작이 간다.

장인께서는 농사일과 집안일로 바쁜 가운데에도 마을에 궂은일이 있으면 곧바로 상가로 달려가 염을 도맡아 하고 모든 장례절차를 도우셨다고 한다. 특히 6 · 25 전란 때 신평으로 피난 온 분들에게 사랑채에 기거토록 하고, 또 끼니를 제공하는 등 정성을 다했단다. 이렇게 안팎으로 성심을 다해 베푸니 자연스럽게 집안 대소가에서는 두 분을 크게 신뢰하게 되었다. 전란 중 마을마다 서로 고발하여 많은 인명피해가 뒤따랐지만, 신평마을만은 무사히 어려운 시기를 넘길 수 있던 것도 장인 장모의 덕이라고 동네 사람들은 이야기하였다고 한다.

이렇게 이웃에게 많은 것을 베풀고 도움을 주고자 애를 쓰며 사시다가 건강이 좋지 않던 장모님은 70세에 안타깝게 세상을 떠나셨다. 사위인 내게 인자한 모습으로 늘 무언가 주고자 하시던 장모님이 세상을 뜨시니, 나는 참으로 마음 아프고 허전한 마음 가득했다. 그 뒤에도 장인께서는 건강하게 자식을 위해 농사일도 돕고 동네 애사에도 도움을 주면서 사셨다.

장인어른이 연세가 80대 후반 되실 무렵, 자녀들이 중등 행정실장, 통신공사 부장, 교장, 교사로 근무하면서 당신을 찾아뵙고 용돈도 드리며 부족하지만 편안하게 모시려고 많은 정성을 다하였다. 그리고 손주들도 카이스트 박사, 건축사, 변호사와 검사 부부, 또 치과의사가 되어 활동하니 자랑스럽다며 흐뭇해하시던 모습이 엊그제만 같다. 장인어른께서는 참으로 복 받았다며 좋아하시면서도 함께 그 기쁨을 장모님과 나누지 못함을 못내 아쉬워하셨다.

이만큼 된 것 모두가 장인 장모님께서 조상님들 잘 모시고 또 이웃에게 베풀며 사셨던 공이 아닌가 싶다. 하지만 세월도 무상하여 장인어른도 세상을 뜨신 지가 벌써 10년이 다 된다.

이 나이 되도록 살면서 주위에서 많은 것을 보고, 배우며, 깨우치고 산다. 특히 조상님을 모시기 위해 정성을 다하거나, 이웃을 위해 베풀며 사는 사람에게는 하느님께서 많은 복을 주신다는 것을 알게 되었다. 나의 장인, 장모님께서도 세상을 사시면서 조상님을 모시는데 정성을 다하셨고, 이웃에게 베풀고자 애를 쓰셨기에 오늘날 우리 자녀들과 후손들이 이만큼 잘살고 있다고 생각한다. 우리도 두 분의 지혜로운 삶을 배워 조상님 모시기에 정성을 다하고 또 이웃에게 베풀며 살도록 온갖 노력을 다해야겠다.

(2019. 3. 9.)

로또 며느리

큰아들 결혼을 위하여 사돈 될 분이 사는 제주도에서 양가 상견례를 갖기로 하였다. 제주에서 양가가 만나 이야기를 나누는데 바깥사돈이,

"딸아이가 우리 집에서는 로또와 같은 아이랍니다. 아마 결혼을 하면 잘 살 것입니다."

라고 말씀하셨다. 이 말씀은 사돈의 딸에 대한 기대와 사랑을 표현한 것이 아닌가 생각되었다. 사돈집에서는 아주 소중한 딸이니 며느리로 맞이하게 되면, 아껴 주고 아주 귀하게 여겨달라는 간절한 바람을 그렇게 애둘러 표현하신 것 같기도 했다. 그리고 '로또와 같다니, 우리에게는 아주 복된 며느릿감이로구나!'라는 기대감을 갖게 했다.

많은 사람이 대박을 노리며 로또복권을 산다. 나도 가끔 로또복권 한 장을 산 뒤 1주일 동안 내내 행복한 기대 속에서 내일을 꿈꾼다. 당첨될 경우 '조그마한 부동산을 사고, 어려운 형제들과 사촌들을 돕고, 또 불우한 이웃들을 위하여 베풀며, 시민 장학재단이나 자선단체를 위해 익명으로 기부도 하겠다.'는 꿈을 꾸며 행복한 시간을 보낸다.

5천 원이라는 적은 돈이지만 제법 크고, 넉넉한 마음을 갖게 하는 꿈을 선사한다. 당첨이라는 기대와 더불어 가슴 부푼 꿈을 꿀 수 있기에 많은 사람이 가끔 로또복권을 사고 또 거기에 기대를 걸며 사는 것 같다.

사실 로또복권 1등에 당첨된다는 것은 맑은 날 벼락에 맞을 확률보다 낮다고 한다. 그렇지만 잠깐이라도 우리가 행복한 꿈을 꾸며 살아갈 수 있도록 한다는 것만으로도 충분히 가치가 있지 않나 싶다.

그런데 로또복권에 당첨된 경우 모두 행복한 것만은 아니었던가 보다. 로또복권이 나오기 전에 나의 아주 친한 친구가 주택복권을 10매를 사 1등부터 아차상, 그리고 2등까지 당첨된 일이 있었다. 이 친구는 가족들과 조용히 당첨금을 잘 관리하여 큰 문제는 없었다. 하지만 복권 당첨으로 인하여 친구의 부인이 한동안 많은 심적 부담을 느껴 건강이 나빠져 한동안 고생을 했다고 들었다. 당첨금을 잘 지킨 경우이지만 그런 어려움이 따랐다는 것이다.

위와는 달리 갑작스러운 복권 당첨으로 인하여 좋지 않은 결과가 뒤따른 경우가 적지 않은 것 같다. 8년 전, 다음과 같은 내용이 신문에 보도되었다.

> 242억 로또 당첨자가 사기범으로 전락했다는 소식이 충격을 주고 있다. 서울 강동 경찰서는 주식투자로 돈을 벌게 해 주겠다고 투자자를 속여 1억 4천여만 원을 가로챈 사기 혐의로 A 씨를 구속 기소 의견으로 검찰에 송치할

예정인 것으로 알려졌다. 다수 매체에 따르면 A 씨는 지난 2003년 로또 1등에 당첨된 당첨금 242억 원 중 세금을 제외한 189억 원을 수령하였다. 하지만 그는 무리한 주식투자로 자산관리에 실패하며 로또 1등에 당첨된 지 5년여 만인 2008년에 당첨금 모두를 탕진했다. 또 소유한 아파트를 담보로 사채를 빌려 또다시 주식에 투자했다가 오히려 1억 3천여만 원의 빚만 지게 된 것으로 알려졌다. A 씨는 2010년 5월 채팅을 통해 만난 피해자 B 씨에게 접근, 수익을 위한 금전 투자를 목적으로 1억 2천여만 원을 받은 혐의를 받는 것으로 전해졌다. 이후 원금 반환을 독촉하는 B 씨에게 계속해서 돈을 빌리는 등 2천여만 원을 추가로 가로챈 혐의도 받는 것으로 알려졌다.

라는 내용이었다.

이밖에도 진주의 20대 S 씨, 광주의 K 씨 등이 로또 1등에 당첨된 뒤에 당첨금을 날리고 경찰에 구속되거나, 자살하는 등 불행을 겪은 사례들이 적지 않았다고 한다. 물론 당첨된 사람들 가운데 이처럼 불행하게 된 경우보다는 잘된 경우가 더 많을 것이다.

나눔 로또를 운영하는 NH농협은행이 온라인 복권 1등 당첨자 370명을 대상으로 이색 설문조사를 진행했다고 한다. 설문조사에 따르면 응답자의 90% 정도는 "당첨금을 수령한 뒤에도 현재의 본업을 그대로 유지하며 살고 있다."라고 대답했다. 이는 당첨금이 현재의 직장을 그만둘 정도로 많지 않다는 것도 이유 중 하나일 것이다. 실제 온라인 복권 1등 당첨금은 세전 평균 21억 원이었지만, 세후로는 평균 14억 4천만 원 수준이었다. 당첨금 사용계획에 대해서는 응답자의 33%가

'주택, 부동산 구입'을, 27%는 '대출금 상환'이라고 답했다고 전한다.

예전과는 달리 철저한 관리는 물론 '자신의 삶을 복권 당첨 이전과 같이 그대로 유지하겠다.'라는 건전하고 신중한 생각을 하고 있다는 점이 아주 바람직해 보인다. 아무튼, 복권 1장을 산 뒤에 1주일을 행복한 꿈을 가지고 사는 삶도 의미가 있다고 생각되며, 또 당첨되는 행운을 맞은 뒤의 철저한 자기 관리가 중요하다는 생각이 든다.

요즈음 나는 큰아들 내외가 새로 집을 마련하고, 치과를 잘 운영하는 것을 보면서 마음 든든하고 행복하다. 오늘이 있기까지는 며느리의 노력이 큰 몫을 했다고 생각한다. 직장생활을 하면서도 집안 살림을 알뜰하게 하여, 지금처럼 새로 집도 마련하고 치과도 잘 운영될 수 있도록 하였다. 치과를 안정적으로 운영할 수 있도록, 며느리는 1년 동안 직장을 휴직하며 온갖 노력을 다했다. 그런 모습을 보고 과연 사돈의 말씀이 크게 빗나가지 않았음을 느꼈다. 이처럼 열심히 살아주는 며느리의 삶이 바로 로또가 아니고 무엇이겠는가?

우리는 살면서 많은 이들과 만나 부딪치고 마주하며 살아간다. 우리와 함께하는 이웃과 만남이 항상 나에게 소중하고 귀한 만남이라는 생각을 하며 살아가면 좋을 것 같다. 그런데 많은 사람이 복권 구입을 통해서만 로또를 찾고자 너무 기를 쓰며 덤벼드는 것은 아닌지 모르겠다. 우리가 사는 일상 속에서도 얼마든지 또 다른 로또를 만날 수 있다는 사고의 전환이 필요할 것 같다. 나는 우리와 함께 하는 이웃을 바라보며, 그들이 내게 또 하나의 로또가 될 수 있다는 믿음을 가지고 사는 삶이 세상을 지금보다 훨씬 더 밝고 행복한 세상으로 바꾸어놓을 수 있다고 믿는다.

(2016. 12. 20.)

너무나 소중한 당신

1976년 5월 5일 어린이날, 공휴일이라서 석산 어머니 댁에 가 쉬고 있었다. 어머니께서 아침 일찍 오시어, 전남 장성에 좋은 규수가 있으니 맞선을 보러 가자고 하신다. 갑자기 가자고 하니 마음의 준비가 덜 되어 마음이 썩 내키지 않았다. 하지만 내 나이 29세니 아니 갈 수도 없어 어머니를 따라나섰다. 천원역에서 10시 목포행 완행열차를 타고 어머니, 중매서는 분과 함께 장성으로 향했다. 규수는 장성에서 초등학교 교사로 근무하고 있다고 했다.

장성역 인근, 만나기로 약속한 장소인 유행 다방에서 규수를 기다렸다. 난생처음 선을 본다고 하니 가슴이 두근두근 설레었다. 약속된 시간이 다 되어

"생김새는 그리 예쁘지는 않아요."

라던 중매쟁이의 말과는 달리 참하고 아담하게 생긴 귀여운 모습의 규수가 내 앞에 나타났다. 서로 소개를 받아 인사를 나누어 보니, 차분하고 조용한 말투가 내가 원하던 여인상이다. 저쪽에서도 내 모습이

그리 싫지는 않은 모양이다. 점심을 대접하겠다는 규수 쪽 작은오빠의 제안으로 점심을 먹고 집에 가서 가족들과 상의한 뒤에 연락하기로 하고 헤어졌다.

집으로 돌아오면서 어머니께서

"오늘 선을 본 규수가 마음에 들었느냐?"

라고 말씀하시기에 나는 싫지 않던 내 마음을 담아

"내가 보기에는 그런대로 괜찮았어요."

하고 말씀드렸다. '가족들과 상의'라고 하지만, 당사자인 처녀, 총각의 뜻이 중요하다며 부모님께서도 인정해 주시어 양가가 서로 왕래한 뒤에 약혼식을 하기로 했다.

이런 과정을 거쳐 6월 초에, 장성에서 양가 어른들을 모시고 약혼식을 치렀다. 그리고 다음 해 2월 24일, 우리는 부부가 되었다. 물론 그사이에 '나에게 어머니가 두 분'이라는 문제를 밝히는 등 적지 않은 시련도 있었지만, 서로 이해하고 감내하기로 하고 부부로서 연을 맺었다.

나의 아내는 조용하고 차분한 사람이다. 또 어지간한 일이면 이해해 주고 믿어주는 사람이다. 그래서 '나는 참으로 여자 복이 많다.'고 생각한다. 나를 신뢰하고 믿어준 만큼 나도 그녀를 신뢰하고 사랑해 주었으면 행복한 가정생활이 되었을 것이다.

그런데 나는 두 어머니의 사랑을 받고 살아왔다. 그러다 보니 아내의 사랑과 희생은 당연한 것으로만 믿고 내 권리만 주장하고 내 생각에 맞추어 살도록 요구했다. 또 우리 부모님도 며느리로서 해야 할 의무만을 강요하시고 베푸는 삶에는 소홀하셨다. 시대가 바뀌고 사람들의 생각이 변화되고 있음을 깨닫지 못하였다.

그래서 아내는 복잡한 가정으로 시집와 결혼생활에 적응하려 애쓰다 보니 건강을 잃고, 본래의 좋은 성품까지도 바뀌어 버렸다. 바쁜 직장 생활을 하면서, 세 아이를 키우고, 시어머니 두 분의 뜻을 받들며, 시동생들에게 신경을 써야 했다. 그러다 보니 예민한 성격에 불면증이 오고, 소화기능 장애로 건강을 잃게 되었다. 60대 후반에 이른 지금, 아내의 건강은 보기에도 안타까울 정도로 어려운 상황이다. 다만 정신력으로 힘든 건강상태를 이겨내려 버티고 있다.

아내는 나와 결혼한 뒤, 고생을 많이 해 우리 집안의 형편이 이만큼 좋아졌다. 세 아들을 두어 아들 부자요, 집안 형편도 중상위 정도는 되며, 우리 남매들의 삶도 나쁘지 않은 편이니 이 모든 것이 아내의 땀과 희생이 있어 가능했다고 본다. 그런 면에서 나는 너무 복이 많은 사람이다.

어디 그뿐인가? 내가 학교장이란 직위까지 오른 것도 아내의 내조와 희생이 아니었다면 어려웠을 것이다. 묵묵히 뒤에서 밀어주고 많은 후원을 해주어 모든 것을 이룰 수 있었다. 한때 폐병으로 나락에 떨어지던 나를 정성을 다해 병구완해주었으며, 실의에 빠져있던 나에게 희망의 끈을 놓지 않도록 아내가 도움을 주지 않았더라면, 오늘의 나를 감히 상상조차 할 수 없었을 것이다. 그런 아내가 나는 너무 고맙고 존경스러울 뿐이다.

그런데 지금, 내 아내는 건강이 너무 좋지 않아 힘들게 살아가고 있다. 우리 가정형편이 어려워 고생하였고 또 내가 마음고생을 시켜 이리된 것 같아 너무나 미안하고 죄스러운 마음 금할 길이 없다. 하루하루를 힘들게 살아가는 아내의 모습을 지켜보면서, 이제는 그녀의 건강을 위해 많은 도움을 주려고 한다. 하지만 그리해도 별로 도움이 안 되는 것 같아 안타까운 마음 가득할 뿐이다. 이제 와 후회한들 무슨 소용이 있으랴? 아내가 건강을 회복할 수 있는 길이 있다면 그 무엇이라도 다 해주고 싶다.

이제야 아내가 정말 나에게 세상에 둘도 없는 소중한 사람이었음을 깨닫는다. 그래서 지금부터라도 아내를 정성을 다해 보살펴 주고 아껴주어야겠다고 다짐해본다. 그리고

"당신은 내게 이 세상에서 둘도 없는 가장 소중한 사람이니, 오래오래 함께해요."

라고 말하고 싶다.

(2016. 5. 29.)

가시밭길을 걸어온 남동생

어린 시절에 어딜 가나 항상 내 곁엔 나보다 두 살 어린 남동생이 있었다. 나는 석산 어머니 댁에 가거나 캄캄한 밤에 밖에 나갈 일이 있을 때, 아니면 내게 어려운 일이 부닥치면 항상 동생에게 동행할 것을 요구하며 의지했다. 그런데도 곰곰 생각해 보면, 내 부탁을 잘 들어준 동생에게 고맙다고 말하기는커녕 당연한 것으로만 여겨왔다. 그러면서도 형으로서 동생을 돌봐주고 보호해주겠다는 생각은 전혀 하질 못한 것 같다. 아마 그 이유는 동생이 성격이 활달하고 스스로 자기 일을 잘 처리하였기 때문이었을 것이다.

우리 집은 형편이 그리 넉넉한 편은 아니어서 나는 중학교에 진학하였지만, 동생은 아버지 곁에서 집안 농사일을 도와야만 했다. 그러다가 내가 고등학교에 다닐 무렵, 가정형편이 어려워지자 대흥리 직물공장에 나가 일을 했다. 나는 부모님께 용돈을 받아 썼고, 동생은 말없이 직물공장에 나가 땀 흘리며 가정을 도왔다.

내 동생은 일찍부터 철이 들었다. 스무 살도 채 되기 이전에, 벌써

껌과 과자 등을 사다 놓고 친구들에게 팔아 돈을 모았다. 그리고 공장에 나가 벌어오는 월급에서 일부 받은 용돈까지 차근차근 모아갔다. 또래의 다른 아이들과는 뭔가 조금 다른 점이 있었고, 그런 모습이 내게는 참으로 믿음직스러워 보였다.

내가 군 생활을 하는 동안 집수리를 하게 되었는데 경비는 내 동생들이 일한 월급을 모아서 해결하였다. 그리고 집안 살림에 필요한 모든 경비 중 부모님이 해결하지 못한 부분은 동생의 몫이었다. 나는 군 복무를 마치고 직장에 복직한 뒤 채 2년도 되지 않아 결혼했다. 그리고 전남 장성으로 분가했다. 그때부터 동생들의 학비나 집안 경비 중 일부는 내가 책임을 졌다.

남동생도 내가 결혼한 그해 겨울 결혼해 신혼살림을 차렸다. 그리고 얼마 뒤 딸을 낳고, 우리 집 아래 집터를 사 직물공장을 짓고 사업을 시작했다. 사전에 치밀한 준비를 하고 운영자금도 마련하여 사업을 해도 성공하기 어려운 일인데 너무 성급하게 서둔 감이 있었다. 사업을 시작한 지 채 2년도 되지 않아 공장 문을 닫고야 말았다. 나는 아직은 동생을 도와줄 수 있는 형편이 아니었다. 그래서 가족들과 함께 그저 지켜보아야만 했다.

얼마가 지난 뒤에, 동생은 부모님께서 물려주신 토지를 팔아 인천 부평지역에 가게를 얻어 조그마한 슈퍼를 열었다. 제수씨는 슈퍼를 맡고, 동생은 통장 일을 맡아보며 부지런히 살았다. 그 사이에 조카들이 태어나 3남매를 둔 가장이 되었다. 시 변두리 지역이어서 슈퍼를 운영해도 5인 가족의 생계를 유지하기에는 벅찬 것 같았다. 이것저것 다 해보았지만 막막했던지, 동생은 슈퍼를 정리하고 고향 집으로 내려왔다.

그리고 트럭을 구입해 서울, 대구, 부산, 그리고 광주 등지에 직물을 나르는 운송 사업을 시작하였다. 운송은 주로 야간에 해야 하기 때문에 고생이 많았다. 그래도 수입이 괜찮아 이만하면 좋겠다는 생각을 하였다. 시간이 흐르자 운송업에 뛰어드는 사람들이 점차 늘어났다. 그 바람에 운송업도 겨우 생계를 유지할 수 있을 뿐 별로 기대할 만한 사업이 되지 못하였다.

동생은 운수업으로 익힌 운전 솜씨로 택시를 한 대 사 택시 운전을 시작하였다. 본인이 직접 택시를 소유하고 있으니 수입은 그런대로 괜찮았다. 그런데 제수씨가 희귀병을 앓게 되어 건강이 점점 더 나빠졌다. 그 당시 택시 운전을 하는 기사들 사이에는 화투놀이로 내기하는 일들이 유행처럼 번졌다. 그 가운데에는 전문 도박꾼들도 끼어들었다. 불행하게도 동생은 그들과 고스톱으로 내기를 하게 되었다. 그 결과 택시 한 대 값을 몽땅 날리게 되었고 경찰서에 구속까지 되었다. 동생이 구속되었다는 소식을 듣고 알아본 결과, 초범은 보석금을 내면 유치장에서 나올 수 있다고 하여 내가 보석금을 지불했다.

설상가상으로 제수씨가 건강이 크게 악화되어 예수병원에 입원하고, 또 얼마 지나지 않아 세상을 떠났다. 어린 조카들과 동생을 남기고 제수씨가 갑자기 세상을 뜨니 부모님께서는 상심이 크셨다. 한동안

동생과 어린 조카들은 큰 슬픔에서 헤어나질 못했다.

그러나 오랫동안 실의 속에서 살 수만은 없던 동생은 다시 직물공장에 나가 기사로서 일을 시작하였다. 큰조카와 둘째 조카는 초등학교에 다니고 셋째는 어머니가 집에서 보살피셨다. 그러다가 연로하신 부모님을 내가 정읍 시기동 집으로 모셨다. 그러자 동생은 전세방을 얻어 시내로 나왔다. 2년이 지난 뒤에, 다시 부모님이 연지 주공아파트로 이사를 하시자, 동생 가족도 아파트로 들어가 함께 생활하게 되었다.

아이들이 성장하여 중, 고등학교에 진학하게 되자, 동생은 정미기 판매 사업에 뛰어들었다. 내가 보증을 서고 은행에서 돈을 빌려 사업을 시작하였는데 정읍, 고창, 순창지역에 있는 농촌 마을을 찾아다니며 많은 노력을 다하였다. 또 동생은 내장 리조트가 개발되는 서당촌으로 들어가 구멍가게를 얻어 장사를 시작하였다. 그리고 인근에 밭을 빌려 닭, 오리, 그리고 흑염소를 길렀다.

아이들도 성장하여 학교를 마치고 서울로 직장을 잡아 떠났다. 조금은 여유가 생긴 동생은 연지동 신시장에 가게 권리증을 양도받고, 이조암 골짜기에 펜션이 들어설 땅을 사두었다. 내장 리조트 개발로 새로 택지와 이주비를 받고, 이조암 땅을 판 돈으로 사촌 누나로부터 공단지역 끝자락에 있는 농지를 사면서 동생의 삶은 이전보다 크게 안정이 되었다.

지난해에는 분양받은 택지를 팔아 대흥리에 집을 사, 구조를 변경한 뒤에 입주하여 잘살고 있어서 이제는 마음이 놓인다. 동생은 그동안

울퉁불퉁하고 험난한 가시밭길을 꿋꿋이 헤쳐 오며 열심히 살아왔다. 이제는 한숨을 돌릴 만한 정도가 된 것 같다. 옆에서 지켜본 형으로서 큰 도움을 주지는 못했지만, 언제나 밝은 모습으로 주눅 들지 않고 열심히 살아온 동생의 모습이 참으로 자랑스럽고 대견하다. 그리고 내 곁에 동생이 있어서 항상 외롭지 않고 든든하며 행복했다. 다만 이미 혼기를 넘긴 조카들이 하루빨리 결혼하여 동생 품에 손주를 안겨 주어 행복하게 웃음 짓는 모습을 보았으면 참 좋겠다.

(2017. 9. 27.)

쥐띠 여동생

1970년대 초에, 〈쥐띠 부인〉이라는 드라마가 인기를 끌었다. 그 내용은 쥐띠인 여주인공이 남편의 직장을 따라 타향인 부산에 내려가 살다가, 서울로 올라와 알뜰하게 살림을 꾸리고 게으른 시댁 식구들에게 본을 보여주며 집안을 일으킨다는 내용이었다. 당시 정부에서는 새마을운동을 전개하고 경제발전을 위해 온갖 노력을 다하던 시기였는데, 이에 딱 맞아떨어지는 내용이어서 인기가 폭발적이었던 걸로 기억한다. 그래서 당시 쥐띠 처녀는 부지런하고 살림을 잘하는 여자라 하여 며느리로서 인기가 상한가를 쳤다.

내 둘째 여동생 지영이도 쥐띠다. 그래서인지 부지런하고 검소하기가 그 누구 못지않다. 여동생은 가정형편이 어려워 일찍부터 집안일을 도왔다. 그리고 나이가 들어 회사에 들어가 일하며 부모님을 도왔다. 그러다가 내가 결혼을 하고 아이를 낳게 되자 우리 집에 와 잠시 아이를 돌보았다. 어느 날 집안에서 돈을 잃어버렸다. 여기저기 찾아보았으나 찾을 길이 없었다. 그래서 내 여동생에게

"지영아! 혹시 그 돈 못 보았느냐?"

하고 물어보았다. 그렇게 묻는 것이 잘못이었다. 여동생은 자신을 의심한다고 기분 나빠하며 우리 집에서 떠나버렸다. 여동생에게는 큰 상처가 되었던 모양이었다. 그 일로 오랫동안 나에 대한 반감이 컸던 모양이다.

여동생은 우리 집을 떠난 뒤에 서울로 올라가 직장생활을 하였다. 그리고 여러 해 동안 명절이 되어도 집에 내려오지 않았다. 그렇게 여러 해가 흘렀다. 그사이 큰여동생과는 서로 만나고 왕래하였다. 큰 여동생에 따르면 둘째는 직장생활을 하던 중에 만난 강원도 청년과 사귀게 되었고 그와 살림을 차린 뒤 아이까지 낳았다고 하였다. 어머니 회갑 잔치 때 여동생 내외가 찾아왔다. 매제가 될 사람은 건강하고 과묵하게 보여 믿음이 갔다. 그리고 2년이 지난 뒤, 큰여동생이 결혼하던 그해 겨울, 좋은 날을 잡아 부천에서 둘째 여동생 결혼식을 올려 주었다.

동생들의 이야기에 따르면 여동생 지영은 드라마의 주인공이었던 그 쥐띠 부인처럼 바쁜 직장생활을 하면서도 알뜰하고 검소하게 살림을 잘한다고 하였다. 그 뒤에 둘째 아들도 낳았다. 두 아들을 키우며 억척스럽게 일하고 알뜰살뜰 가정 살림을 잘하여 결혼한 뒤 5년 만에 부천 중동지역에 아파트를 분양받았다. 그런데 이재에 밝은 여동생은 새 아파트로 이사하지 않고 아파트를 처분하여 전세나 월세를 놓을 수 있는 다가구 3층 주택을 샀다. 부부가 직장생활을 하며 월세까지 받게 되니, 이제 여동생은 제법 큰돈을 모아 굴릴 수 있게 되었다.

그런데 호사다마라고 했던가? 조카사위에게 큰돈을 빌려주었는데, 조카사위가 갑자기 교통사고로 사망하였다. 돈을 빌려 간 조카네가 큰 불행을 겪게 되자, 빌려준 돈은 받을 길이 막혀버렸다. 평소 부지런하고 검소한 여동생에게 청천벽력 같은 일이 벌어진 것이었다. 돈을 떼이었다는 생각에 심장이 뛰고 밤잠을 이룰 수가 없게 되었다. 마침내 화병으로 자리에 드러눕게 되었단다. 여동생에게 이런 일은 도저히 감당할 수 없을 만한 충격적인 일이었다. 돈 잃고, 사람 잃고 거기에다 병까지 얻게 된 불행한 일이었다.

두 아들은 나름대로 잘 키웠다. 큰아들은 대학원 석사과정을 마치고 벤처기업에서 일하고 있다. 그리고 둘째 아들은 전문대를 나와 반도체 회사에서 일한 지가 10년이 넘는다. 남들이 보기에는 부족함 없이 살아가는 행복한 가정으로 보인다. 그런데 여동생은 그 돈을 잃게 된 충격으로 후유증이 커 지금도 여러 가지 질병에 시달리며 고생을 하고 있다.

얼마 전에 어머님이 그곳에 계셔 동생 집에 들렀다. 그렇게 건강이 좋지 않아 고생하는 가운데에도 아들들이 벌어오는 돈을 알뜰하게 저축하고 자기 돈을 보태어 두 아들 신혼살림 할 아파트를 사놓았단다. 무더운 여름철에 에어컨은 물론이고 선풍기조차 쓸 수 없는 냉증으로 고생하면서도 알뜰하고 검소한 삶을 살아 그렇게 아파트를 장만한 것이었다.

얼마 전, 여동생과 통화하면서,

“이제 먹고사는 문제는 걱정이 없으니, 나이가 더 들기 전에 너희 부부가 해외여행도 하며 즐겁고 행복하게 살면 어떻겠니?”

라고 말하는 나의 당부에 웃으면서 대꾸하기를

“오빠, 그동안 시댁에 오가며 강원도 구경 잘했고, 서울, 인천, 부산 다 다녀보았어요. 뭐 외국 여행이라고 별거 있겠어요? 그리고 에어컨 때문에 싫어요.”

라고 말하는 것이었다. 내 생각에는 틀림없이 돈이 아까워 그러는 게 아닌가 싶었다. 역시 쥐띠 부인이다. 그래서 매제는 참 좋겠다.

(2017. 10. 12.)

제3부

신사의 나라 영국

—영국 여행기

18세기 세계를 제패하여 해가 지지 않는 나라요, 산업혁명으로 부강하게 된 나라며, 세계를 이끌었던 신사의 나라 대영제국을 방문하는 날이다. 호텔에서 새벽 4시에 기상, 아침 식사를 마치고 6시에 서둘러 카사블랑카 공항으로 향했다. 공항의 모습은 규모가 그리 크지 않으며 건축된 지도 오래되어 보였다. 공항에는 많은 사람들로 붐비었다. 도착하여 곧바로 탑승 수속을 밟고 10시 런던행 비행기에 올랐다.

비행기가 웅장한 굉음을 내며 활주로를 가볍게 박차고 하늘을 향해 솟아오른다. 오래지 않아 해무가 끼어 시야가 푸르스름한 대서양 상공 위를 날아가고 있다. 그리고 두 시간여 지났을까, 스페인 상공을 날고 있단다. 그리고 대서양, 도버해협을 지나는가 싶더니 비행기 아래로 여기저기 아름답게 펼쳐진 짙푸른 초원이 내려다보인다. 이윽고 어릴 때부터 가고 싶어 꿈에 그리던 나라, 영국의 수도 런던 공항에 도착하였다.

공항에서 나와 먼저 영국 여왕의 집무실이 있는 3대 성 중의 하나인

윈저성으로 향하였다. 윈저성을 제대로 구경하려면 많은 시간이 소요된다 한다. 우리 일행은 윈저성을 잠깐 둘러본 뒤에, 바로 곁에 런던 시민들이 애용하는 세계에서 가장 긴 산책길인 롱 워크를 걸어 보았다. 산책로 주위에는 푸른 초원이 펼쳐져 있고, 그 사이 개울에는 맑은 시냇물이 넘쳐흐르고, 개울가 여기저기에는 빨강, 노랑, 분홍, 그리고 보랏빛 등 여러 가지 이름 모를 꽃들이 어우러져 있는 모습이 참으로 아름다워 보였다. 롱 워크는 이곳을 산책하는 우리 같은 이방인들에게 마치 '천국으로 향하는 길 위에 서 있다.'는 착각에 빠져들도록 하였다. 런던에는 수많은 산책길이 있다고 한다. 영국인들은 자주 산책을 하며 상상을 하고, 또 많은 사색을 하여 그 결과 문학과 철학이 발전했다고 한다. 이렇게 롱 워크와 같은 산책길을 매일 걷는 런던시민들이 매우 부러울 뿐이다.

이어서 우리 일행은 수많은 인재를 배출한 이튼칼리지를 방문하였다. 이튼칼리지는 1440년 헨리 6세가 세운 영국에서 가장 규모가 크고 전통 있는 사립 중고등학교다. 영국의 귀족과 상류층 12세에서 18세 사이의 자제들이 대거 수학하며, 학생 수는 1200여 명으로 기숙사에서 엄격한 규칙을 배우며 공동체 생활을 하는 것으로 유명하다. 이튼은 세계적으로 최고의 대학인 옥스퍼드와 케임브리지 진학률이 가장 높은 것으로도 잘 알려져 있다. 특히 이튼칼리지 출신의 부모들은 전쟁이 발발하면 자신의 자제들을 누구보다 먼저 전쟁터에 보냄으로써 '노블레스 오블리주'를 가장 확실히 지키는 것으로 유명하다고 한다. 다시 말해 이튼 졸업생들이 '노블레스 오블리주'를 앞장서 지키며, 예의 바른 행동을 보임으로써 영국을 젠틀맨(gentleman 신사)의 나라로 세상에 알렸다고 해도 과언이 아니라고 한다.

젠틀맨(gentleman)이란 용어는 원래 엄격한 의미로는 향사(에스콰이어, esquire)* 아래, 그리고 요먼(yeoman 자작농, 자유민)의 위에 있는 잉글랜드의 가장 낮은 귀족 계급(젠트리)을 의미하는 말이었다. 정의상 그레이트 브리튼 귀족은 1707년 연합법이 성립된 후부터 1800년 연합법이 제정되기 전까지의 그레이트 브리튼 왕국의 귀족을 총칭하는 말이었다. 이 젠틀맨이라는 카테고리는 영국 귀족의 아들, 손자까지, 그리고 준 남작의 아들까지(1611년 제정 이후), 세습되는 기사(knight) 그리고 향사(esquire)까지를 포함한다. 현대 화법에서 '젠틀맨'이란 용어는 보통 선하고 예절이 밝은 사람 또는 심지어 모든 성인 남성으로 대중화되었다.

이튼칼리지를 빛낸 명사로는 워털루 전투를 승리로 이끈 웰링턴 장군과 20여 명의 영국 수상들, 그리고 대문호 조지 오웰 등이 있다. 최근에는 고 다이애나 황태자비의 아들인 윌리엄 왕자가 이 학교를 졸업하였다. 이튼칼리지에 들어가기 위해서 임신 등록, 또는 만 3세 등록을 할 정도로 입학을 하려고 수많은 사람이 치열한 경쟁을 한다고 하니 세계 최고의 명문 학교로서 그 위상이 실감났다.

---

* 향사(esquire 鄕士)는 중세 유럽에서는 수습 단계의 기사를 의미했지만, 이후에는 젠트리의 한 계급, 나아가서는 남자의 경칭으로 사용되게 되었다.

이튼칼리지에서의 교육은 성적보다는 인터뷰를, 즉 머리보다 성실함을 중요시한다고 하며, 교육의 전 과정에서 남자가 하고 싶은 모든 것을 배울 수 있다고 한다. 우리 한국인들도 몇 명이 이곳을 졸업했다고 하니, 우리네 부모들의 교육열도 어느 나라 사람들 못지않다는 것을 다시 한번 확인할 수 있었다. 200만 평 부지에 자리 잡고 있는 이튼칼리지를 바라보면서 교육의 중요성을 다시 한번 깨닫는 좋은 기회를 가졌으며 교육에 대한 투자는 그 무엇보다도 중요하다는 것을 새삼 느꼈다

쉐라톤 히드로 호텔에서 하룻밤을 묵은 우리 일행은 하이드파크 로열 알버트 홀을 거쳐, 템스 강가에서 빅벤, 국회의사당을 배경으로 기념사진을 찍고, 웨스트민스터 사원을 거쳐 근위대 교대식이 열리는 버킹엄궁으로 향했다. 많은 사람이 교대식 장면을 보기 위해 몰려와 있어서 사람들 어깨너머로 화려한 제복 차림의 근위병들이 절도 있게 사열하는 장면을 겨우 구경할 수 있었다. 그리고 점심을 먹은 뒤에 대영박물관으로 향했다.

대영박물관은 1753년 왕립 학사 원장을 지낸 의학자 한스 슬론 경이 남긴 수집품과 왕실에 있던 컬렉션이 더해져 설립되었다. 박물관이 설립된 뒤에 전 세계에서 기증한 작품과 다양한 작품을 구비하여 전시품이 많아짐에 따라 1824년 로버트 스머크 경이 설계한 신고전 양식인 현재의 건물로 옮겨졌다. 그 뒤 많은 전시품을 들여와 세계 3대 박물관이라는 명성에 걸맞게 선사시대부터 현재에 이르기까지 수많은 유산을 소장하기에 이르렀다. 특히나 세계적으로 희귀한 고고학 및 민속학 수

집품들이 볼만하다. 대표적으로 이집트, 메소포타미아와 로마 등에서 시작된 고대 문명에 대한 전시품들이 유명하며 그중에서도 미라와 로제타석은 언제나 관람객들로 붐비는 섹션으로 널리 알려져 있다.

가장 유명하다는 로제타스톤과 람세스 2세 상을 비롯한 고대 이집트, 중동지역 문물들을 볼 수가 있어서 좋았다. 메소포타미아 문명, 아시리아 문명, 그리고 고대 그리스 유물을 한눈에 볼 소중한 기회이어서 참으로 의미가 있었다. 특히 기원전 196년에 만들어진 로제타스톤은 이집트의 지중해의 작은 마을인 로제타에서 발견된 유물이다. 멤피스의 신관이 선포한 일상적인 법령을 세 가지 언어로 새긴 돌이며, 내용보다는 고대 이집트의 상형문자를 해독하는 중요한 열쇠가 되었다고 한다. 이 로제타스톤은 1799년 나폴레옹 원정대가 나일강 삼각주에서 발견한 뒤에 영국으로 옮겨졌다. 선명한 문자가 또렷이 새겨진 원형 그대로 보존되어 있음이 참으로 놀라웠다. 후세 사람들이 이집트의 문자를 해독하고 그 시대를 연구하는데 큰 보탬을 준 귀중한 유물이 아닐 수 없겠다. 이밖에도 세계 각 지역의 역사 유물들을 모아 보존하고 있음을 보고, 과연 과거 화려했던 대영제국이었음을 다시 한번 확인할 수 있었다.

런던 시내를 돌아다니면서 길거리에서 만난 시민들의 모습은 대부분 정장 차림이며, 깔끔한 옷차림이었다. 그리고 조용히 질서를 지키며 북을 치고, 피리를 불며 시위하고 있는 모습이 매우 인상적이었다. 역시 한때 세계를 이끌었던 대영제국의 모습을 바로 이곳 시민들로부터 엿볼 수 있었다.

영국 여행을 마치고 돌아오는 비행기 안에서 신사의 나라 영국처럼 '우리도 법과 질서를 잘 지키는 성숙한 모습을 지닌 국민으로 거듭나기 위하여, 많은 노력을 다해 나가면 얼마나 좋을 것인가?'라는 생각이 한동안 내 뇌리에서 떠나질 않아 온몸을 뒤척이느라 잠을 이룰 수 없었다.

(2017. 3. 11.)

청빈한 삶을 살다간 프란체스코 성인

—이탈리아 여행기

가톨릭 신자들의 모임에서 성지순례를 하기로 계획한 지 2년 만에 떠나는 여행이다. 이른 새벽에 정읍에서 출발하여 10시쯤 인천공항에 도착했다. 곧바로 여권과 티켓을 챙기고 짐을 부치는 등 출국 절차를 밟았다. 바쁘게 서둔 끝에 오후 1시 로마행 비행기에 탑승했다. 드디어 비행기가 굉음을 내며 이륙하였다. 언제나 이륙하는 순간은 여행지에 대한 부푼 기대감보다는 무사히 이륙하길 바라는 두려운 마음이 앞선다.

비행기가 무사히 하늘로 치솟아 제자리를 잡아갈 즈음 창밖을 내다보니, 서해와 크고 작은 섬들이 구름 사이로 내려다보인다. 이따금 항해 중인 화물선과 고깃배들의 조그마한 모습을 통해 나 자신이 비행기 안에 있음을 확인한다. 그리고 이제부터는 이렇게 비행기 안에서 오랜 시간을 보내지 않으면 안 된다는 사실을 깨닫는다.

먼저 조용히 눈을 감고 잠을 자려 시도해 본다. 이른 새벽 4시 전에 잠에서 깨어났으니, 잠이 올 법한데 애써 시도해 보아도 쉽사리 잠이 오질 않는다. 잠자는 것을 포기하고 창밖을 바라본다. 하늘은 온통 하얀 구름이 바다를 이루며 넓게 펼쳐져 있다. 아니 광활한 대평원을 이루고 있다. 순간 나는 내 마음의 날개를 펼쳐 한없이 드넓은 저 하얀 바다 위를 날아본다. 어린 시절 꿈속에 마을 뒷산에 날개를 저으며 날아가던 그 기분으로 하얀 뭉게구름이 끝없이 펼쳐진 구름바다 위를 훨훨 날아가는 내 마음, 너무너무 자유롭고 행복하다. 아니 저 멀리 만년설의 거대한 산들이 우뚝 솟아있는 그곳까지 훨훨 날아가 보자꾸나. 저 거대한 설산을 넘어 한없이 한없이 날아가 보자. 이렇게 한동안 상상의 날개를 펼쳐 날다 보면, 세상의 온갖 고달픔 같은 것들은 물론이고 비좁은 비행기 안에서 느끼던 지루함일랑은 아예 어디론가 사라져버리고 만다.

오랜 비행 끝에 목적지인 로마 다빈치 공항에 도착했다. 공항에서 숙소로 이동하여 숙소에 들어가 짐을 푼 뒤에 저녁을 먹고, 샤워를 한 뒤 잠자리에 들었다. 긴 여행으로 피곤했던지 곧바로 잠이 들어 깨어보니 아침이다. 부리나케 일어나 가볍게 식사를 마친 다음, 아침 8시에 성 프란치스코 수도원이 있는 아씨시를 방문하려고 버스에 올랐다.

로마 시내를 벗어나자 차창으로 들어오는 마을의 모습이 우리나라와는 사뭇 다르다. 이 지역 마을 모습은 산기슭이나 평지에 터 잡고 있는 우리나라 마을과는 아주 다르다. 대부분 집이 산등성이에 옹기종기 모여 마을을 이루고 있다. 태풍이 몰아치거나, 겨울철 폭설에는 도저히 견딜 수 없을 것 같은데 이곳에서는 그런 염려는 하지 않아도 되는 모양이다. 버스가 두어 시간쯤 달린 끝에 저 멀리 언덕에 보이는 큰 건물이 바로 성 프란치스코 수도원이란다.

수도원에 도착한 우리 일행은 프란치스코 성인의 일생에 대한 가이드의 설명을 들었다. 프란치스코(1181년 또는 1182년~1226년) 성인은 이탈리아 로마 가톨릭 교회 수사이자 저명한 기독교 설교가다. 또한, 프란치스코 수도회의 창설자이다. 프란치스코는 생전에 사제 서품을 받은 적은 없었지만, 역사적으로 유명한 종교인 가운데 한 사람이다.

프란치스코의 부친은 당시 포목상을 하는 부유한 상인이었단다. 부유층 자제로 태어나 어려움을 모르고 자란 그는 페루자 전쟁에 친구들과 참전했다가 포로로 붙잡혔다. 그 뒤 아씨시로 돌아간 프란치스코는 세속적인 생활로 실의의 나날을 보내다가, 다미아노 성당에서 하느님을 만났다. 얼마 뒤, 로마로 순례를 떠나 성 베드로 대성전에서 구걸하는 걸인들을 보고, 거룩한 성전 앞에서 아무런 거리낌 없이 편안하게 생활하고 있는 그들의 모습에 깊은 감명을 받았다.

그 뒤부터 그는 평생 가난한 삶을 살겠다고 결심하였다. 고향으로 돌아간 그는 불우한 이들을 돕고, 몸소 가난한 삶을 살며, 길거리에서 복음을 전파하기 시작했다. 그의 삶에 감동하여 많은 추종자가 생겨났다. 프란치스코는 1210년 교황 인노첸시오 3세의 인가를 받아 남자 수도회인 프란치스코회를 설립했다. 그 뒤, 그는 여자 수도회인 클라라회도 만들었다.

1219년에는 십자군 전쟁을 평화롭게 해결하고자, 프란치스코는 이집트의 술탄을 찾아가 그를 개종시키려고 했다. 그러나 그 뜻을 이루지는 못했다. 교황으로부터 수도회 인가를 받은 뒤에 그는 수도회 설립목적에 충실하고자 온갖 노력을 다 기울였다. 1223년 프란치스코는 처음으로 베들레헴에서 예수 탄생 사건을 재현한 성탄 구유를 만들었고, 1224년 그는 그리스도의 수난 당시 그리스도가 받았던 상처인 성흔*을 받았다. 그러나 안타깝게도 그는 1226년 10월 3일 시편 142(141)편을 읊으며 44세의 나이로 선종했다. 세상을 떠난 지 채 2년도 안 되어, 프란치스코는 1228년 7월 16일 교황 그레고리오 9세에 의해 성인으로 시성 되었다.

나는 수도원을 둘러보며, 부유한 가정에서 태어나 온갖 영화를 마다하고 일생을 복음 전파와 가난한 이웃을 도우며 몸소 청빈한 삶을 살다 간 프란치스코 성인에 대한 이야기를 듣고 깊은 감명을 받았다.

오늘도 수많은 순례자가 성인의 숭고한 삶의 발자취를 둘러보고 배우려고 이곳 아씨시 프란치스코 수도원을 찾아오고 있다. 성인은 부유한 집 아들로 태어났음에도 부유한 삶을 벗어나 전쟁터에 나갔고, 구걸하는 거지를 본 뒤에 청빈한 삶을 실천하였으며, 이웃 사랑을 몸소 실천했다. 이렇게 예수님의 거룩한 삶을 본받으려고 끊임없이 노력하며 살다간 성인의 삶을 우리도 어떻게 하면 조금이라도 본받고 실천할 수 있을까?

---

* 성흔聖痕: 1. 그리스도가 십자가형을 당할 때 몸에 생긴 상처.
  2. 또는 과학적으로 설명할 수 없는 신기한 힘에 의해서 그리스도인들의 몸에 생겼다고 전해지는 상처.

부유한 가정에서 태어난 사람이 전쟁터에 나가고 또 가난한 삶을 산다는 것은 결코 쉬운 일이 아닐 것이다. 그리고 평생 가난한 사람들과 함께하며, 불우한 이들을 위해 산다는 것은 더더욱 어려운 일이다. 그럼에도 이처럼 하느님 보시기에 모범 된 삶을 살다간 성인에 대한 이야기를 들으면 참으로 존경스럽고 나 자신이 한없이 부끄러워짐을 느낀다. 이제부터라도 어려운 이웃을 위해 어떻게 살 것인가 많은 고민을 하며 살아가야 할 것 같다.

(2017. 1. 17.)

잊지 못할 비엔나 음악회

—오스트리아 여행기

인스브루크를 둘러본 뒤, 우리는 다음 목적지인 잘츠부르크로 향했다. 달리는 버스 안에서 차창 밖을 바라보니 커다란 호수가 이어진다. 호수 저 건너편에 있는 마을이 바로 영화 〈사운드 오브 뮤직〉을 촬영한 잘츠카머구트라고 한다. 참으로 아름다운 풍광이다. 우리 여행 계획에는 잘츠카머구트는 들어 있지 않아 그곳을 방문할 수 없다니 무척 안타깝다.

우리가 가는 방향으로 앞에 보이는 큰 산이 샤프베르크산이라고 한다. 산의 높이가 1,780m로서 등산 열차가 정상 부근까지 운행된다고 한다. 한 번 올라가면 좋으련만 그럴 수 없단다. 이 산 산자락에는 모차르트가 유년 시절에 지냈던 장크트 길겐 마을과 볼프강 호수가 있었다. 모차르트의 외할아버지는 이곳에서 판사와 시장을 역임했다고 한다.

길겐 마을에 도착한 우리는 볼프강 호수에서 배를 타고 잠깐 호수 주위를 돌아보며 아름다운 경관에 푹 빠져들었다. 알프스산맥에서 녹아내리는 눈으로 많은 호수가 만들어져, 유럽인들은 이곳에 와 여름철

피서를 즐긴다고 하니 부럽기 그지없다. 아름다운 호수로 둘러싸인 이런 빼어난 환경에서의 유년 시절이 천재 음악가 모차르트의 뛰어난 음악성을 싹틔우는 데 틀림없이 큰 역할을 했을 것 같다.

볼프강 호수에 드리워진 숲과 마을들이 물결 따라 출렁이면서 나그네인 우리를 유혹한다. 하지만 오랜 시간을 머물 수 없어 아쉬운 마음으로 다음 목적지 잘츠부르크로 떠났다. 산수가 수려한 스위스와 오스트리아는 참으로 복을 많이 받은 나라다.

잘츠부르크에서 하룻밤을 묵은 우리는 영화 〈사운드 오브 뮤직〉에서 폰 트랩 대령이 백작 부인을 만나러 간 사이 마리아가 경직된 아이들에게 노래를 들려주고, 잘츠부르크 거리를 활보하며 뛰놀았던 미라벨 정원에 들렀다. 예쁜 꽃들이 화사하게 피어나고 분수에서는 시원한 물줄기가 솟아오르는 정원을 바라보고 있자니, 주인공들이 즐겁게 춤추며 뛰노는 영화 속의 한 장면이 눈앞에 선연히 다가온다. 화려한 자태를 뽐내는 빨간 장미화원 주변에는 수많은 사람이 그 멋진 모습을 카메라에 담느라 분주하였다.

우리는 모차르트의 생가가 있는 구시가지로 가고자 잘자흐강을 건넜다. 그리고 세상에서 가장 아름다운 게트라이데 거리를 걸었다. 잘 정돈된 거리와 작지만 예술적이고 개성 넘치는 간판으로 꾸며진 건물들이 이 거리를 가장 멋있는 거리로 만든 것 같다. 게트라이데를 걸어가다 노란색 건물을 만났다. 바로 모차르트의 생가란다.

1756년, 모차르트는 이곳에서 태어나 어린 시절을 보냈다고 한다. 2층은 오페라 관련 전시물이, 3, 4층에는 모차르트의 가족과 당시의 생활 모습을 보여주는 유물들이 우리를 맞아주었다. 천재 음악가의 생가와 또 그와 관련된 모든 것을 보는 좋은 기회인 것 같아 참으로 흐뭇했다. 오랜만에 한국식당에 들러 점심을 먹으니 그동안 쌓였던 피로가 확 풀리는 느낌이다.

드디어 이 나라의 수도이며 음악의 세계 수도라고 일컫는 비엔나로 향했다. 비엔나에 도착하여 중심가에 있는 성 슈테판 성당을 찾았다. 재건축된 성당 건물은 외부는 고딕 양식이고, 실내는 바로크 양식이었으며, 오스트리아를 살아 숨 쉬게 하는 심장이라고 불릴 만큼 중요한 곳이라 하였다. 저녁에 일행 중에 마침 생일을 맞이한 사람이 있어, 숙소에서 식사를 겸해 바이올린 연주자를 불러 축하파티를 하며 즐거운 시간을 보냈다.

가이드에 따르면, 이곳 비엔나는 매일 밤 여러 곳에서 음악회가 열린다며, 음악회에 참석하는 일은 이곳을 관광하는 사람들에게 중요한 일정 중 하나라고 한다. 나도 아내와 함께 80유로라는 적지 않은 입장료를 내고 자연사박물관에서 열리는 음악회에 참석하였다. 그곳에는 이미 많은 사람들로 가득 차 있었다. 다행히도 우리는 뒷부분 중앙에 자리를 잡을 수 있었다. 젊은 음악가들이 출연하여 아름다운 선율의 명곡을 선사했다. 참으로 즐겁고 행복한 순간이었다. 이렇게 감미롭고 황홀한 시간을 즐기는 가운데 음악회는 끝났다. 이처럼 아름답고 품격

있는 순간들은 아쉽게도 내게 오랫동안 머물러주지 않았다. 오늘처럼 이렇게 행복했던 순간을 잊지 않으리라 다짐하며 아쉽고 안타까운 마음을 뒤로하고 자연사박물관을 나왔다.

현대의 클래식 음악 형식은 18세기부터 19세기 초 사이에 하이든, 모차르트, 베토벤, 슈베르트, 브람스 그리고 요한 슈트라우스 부자 같은 세계적인 음악가들을 통하여 완성되었다고 한다. 그래서 전 세계의 많은 젊은이가 고전음악을 배우려고 비엔나에 몰려온다고 한다. 비엔나가 세계인의 음악 수도로 통하는 이유다. 따라서 비엔나에서 성공한 음악가는 전 세계 음악계에서 인정받는다고 한다. 비엔나 클래식 음악은 독일, 프랑스, 이탈리아의 여러 형식을 종합한 우아한 선율과 화음을 특징으로 한다고 알려져 있다.

이렇게 비엔나에서 수준 높은 음악이 완성될 수 있었던 까닭은 무엇일까? 바로 천재 음악가들을 적극적으로 후원하는 귀족과, 그들의 음악을 강력히 원하는 합스부르크 왕가가 있었기 때문이라고 한다. 그 당시 귀족들은 음악에 조예가 깊을 뿐만 아니라 예술가들을 후원함으로써 노블레스 오블리주의 모범을 보여주었다고 한다.

지금도 해마다 새해를 맞이하면 비엔나에서는 세계적인 지휘자가 이끄는 비엔나 필하모닉의 신년음악회가 열린다. 이 신년음악회에서 라데츠키 행진곡에 맞추어 신나게 손뼉 치는 관중의 모습을 TV를 통하여 보게 될 때면 우리 자신도 모르게 거기에 푹 빠져들고 만다. 이렇게 음악회가 끊임없이 열리는 비엔나에 사는 사람들은 어쩌면 천상에 사는 사람들처럼 느껴져 한없이 부러울 뿐이다.

(2017. 3. 1.)

역사가 주는 교훈

—스페인 여행기

16세기 세계를 이끌며 라틴아메리카 대부분을 정복했던 나라 스페인! 언젠가는 꼭 한 번 그 스페인을 방문하고 싶다는 생각을 하고 있었다. 드디어 기회가 왔다. 로마여행을 마치고, 저녁 비행기를 이용하여 16세기 강대국 중의 하나였던 스페인의 수도 마드리드 공항에 도착한 것은 저녁 10시를 넘긴 시각이었다. 투우와 프로축구로 유명한 나라 스페인! 공항에서 숙소로 향하는 버스 안에서 바라보는 마드리드 도심의 모습은, 늦은 밤이지만 여느 도시와 마찬가지로 많은 사람이 붐비는 번화한 모습이었다. 호텔에 짐을 풀고 간단히 샤워한 뒤에 잠자리에 들었다.

아침 일찍 식사를 마치고 톨레도 지역을 방문하기 위해 버스에 몸을 실었다. 톨레도는 마드리드 남서쪽 70여㎞ 지점에 있는 그리스도교, 아랍, 유대문화가 하나로 융합된 도시라고 한다. 1085년 알폰소 6세에게 점령당한 뒤 카스티아 왕국의 정치 사회적 중심도시였다고 한다. 이곳은 중심지역이 타호강으로 삼면이 둘러싸여 있어서, 적의 침략으로부터 방어하기에 좋은 전략적으로도 요충지였음을 알 수 있었다. 11세기 지어진 고딕 양식의 톨레도 대성당에 들렀는데, 지금은 스페인 최고의 추기경님이 계시는 주교좌성당이라고 한다. 우리 일행은 박물관에 들러 엘 그레코, 고야, 반 다이크 등 유명화가들의 그림을 구경하는 의미 있는 시간을 가졌다. 중세시대의 한 시대를 꽃피웠던 톨레도는 1561년 펠리페 2세가 수도를 마드리드로 옮기면서 점차 쇠퇴의 길을 걷게 되었다고 한다.

우리는 톨레도 방문을 마치고 마드리드 관광에 나섰다. 펠리페 5세가 건축한 2,200여 개의 방이 갖추어진 마드리드 왕궁에 들렀다. 베르사유 궁전처럼 화려해 보이지는 않았다. 하지만 왕의 연회석이며, 집무실, 그리고 휴게실 등을 돌아보면서 화려했던 그 시절을 연상해 보면서 인간이란 유한한 존재임을 다시 한번 느꼈다. 지금도 왕이 이곳을 자주 이용한다고 한다.

이어서 스페인의 대문호 세르반테스 사후 300주년을 기념하여 만들었다는 스페인 광장에 들렀다. 광장 중앙에는 세르반테스의 기념비가 우뚝 세워져 있고, 그 주변에는 애마 로시난테에 올라탄 돈키호테, 노새를 탄 산초 판사의 동상이 있음을 보고서, 이 나라 국민이 얼마나 세르반테스와 그의 문학을 사랑하고 있는가를 확인할 수 있었다. 역시 스페인 사람들은 예술을 사랑하고 즐기는 민족임을 알겠다.

마드리드에서 다시 1박을 한 뒤에 시간 관계로 우리는 투우 경기는 구경하지 못하고 그라나다로 향하는 버스에 올랐다. 달리는 버스에서 창밖을 바라보니 넓은 평원이 끝없이 펼쳐진다. 저 멀리 아득히 보이는 산줄기가 시에라 네바다 산맥이라고 한다. 2시간쯤 달리니 길옆에 웬 집이 하나 서 있다. 바로 돈키호테가 기사 작위를 받은 여관이란다. 잠시 둘러보니 별로 특별한 것은 보이지 않고 안내판 하나 덩그러니 서 있다. 그렇지만 이곳에도 많은 이들이 가던 길을 잠시 멈추어 들렀다 간다고 하니 역시 세르반테스의 영향은 시대와 지역을 뛰어넘어 무한하다는 것을 다시 한번 확인할 수 있었다. 버스는 다시 올리브나무, 오렌지 농장이 끝없이 펼쳐지는 벌판을 달렸다. 한참을 달린 끝에 점심시간이 될 무렵 코르도바에 도착하였다.

코르도바는 세비야 북동쪽 과달키비르강 유역의 도시로서, 로마 제국 시절에 번성했으나, 서코트족*이 지배한 6세기에서 8세기 사이에 쇠퇴했다고 한다. 711년 이슬람교도들에 점령되어 아브드 알 라흐만 1세가 최고 지도자가 되고, 756년 수도가 되면서 발전하기 시작하여, 아브드 알 라흐만 3세가 서양의 칼리프라 선언하면서 놀랍게도 인구 100만의 거대도시로 성장하여 유럽의 정치, 경제, 문화의 중심지로 크게 발전하였다고 한다. 그러나 이슬람교도들이 전쟁에 패하고 물러나면서 쇠퇴의 길을 걸어왔으며, 지금은 섬유, 양조, 증류업 등이 발전

* 서고트족: 원래 스칸디나비아 남부에 살던 부족으로 발트해 남쪽 해안으로 건너가 그곳에 살던 반달족과 다른 게르만족을 물리치고 정착했다고 한다. 고트족은 필리 메르 왕을 따라 비수아 강 지역에서 남쪽으로 이주했으며, 온갖 모험을 겪은 뒤 흑해에 다다랐다. 고트족의 이동은 2세기 후반에 일어났다. 고트족은 3세기에 로마 제국의 소아시아 지방과 발칸 반도를 침략했고, 로마인들은 도나우강 건너편의 다키아 지방을 고트족에게 내주었다. 도나우강 지역에서 살던 고트족을 서 고트족, 지금의 우크라이나에 살던 고트족을 동 고트족이라고 부른다.

한 인구 32만의 도시란다. 우리는 중국 음식점에 들러 점심을 먹은 뒤에, 이슬람 대사원에 들러 그 웅장한 모습에 놀라며 관광을 마치고, 다시 오늘의 최종 목적지인 그라나다를 향하여 출발하였다.

1시간 40분쯤 뒤에, 우리 일행은 목적지인 그라나다에 도착하여 여장을 풀었다. 한때 무하마드 1세가 나스르 왕조를 열었던 그라나다 왕국은 이베리아 반도의 마지막 이슬람 왕국이었으나 그리스도 왕국의 공격으로 1492년에 멸망하였다고 한다. 현재 인구 24만의 그라나다는 대학생 수가 6만여 명인 대학도시라고 한다.

저녁 식사를 마친 뒤에 나와 아내는 인근에 있는 공원에 나가 산책을 하였다. 아무도 없는 조용한 이국의 도시 안 한 공원에서, 둘만의 조용한 시간을 보낼 수 있다니 참으로 감회가 새로웠다. 한참 동안을 시원한 바람을 쐬며 휴식을 취한 뒤, 우리는 숙소로 돌아와 샤워한 뒤에 잠자리에 들었다.

다음 날 아침 식사를 마친 뒤에, 우리는 그 유명한 알람브라 궁전을 관광하였다. 궁전의 빛깔 때문에 아랍어로 '붉은색'을 뜻하는 그런 이름이 붙여졌다고 한다. 알람브라 궁전은 그라나다시 한가운데 우뚝 솟은 언덕 위에 자리하고 있었다. 언덕을 오르니 잘 가꾸어진 여러 가지 빛깔의 고운 꽃들이 피어있는 정원이 나오고, 그곳을 지나니 아름다운 황금빛 궁전이 그 자태를 드러내었다. 그리고 궁전 바로 앞에는 커다란 직사각형 모양의 연못이 있고, 그곳에는 예쁜 이름 모를 꽃들이 피어나고 여러 마리의 사자상 분수에서는 샘물이 솟아올라 연못으로 흘러간다. 궁전 내부로 들어가 보았다. 천장 부분에는 이슬람 고유의 문양들이 새겨져 있고 벽면이나 기둥 부분은 또 다른 양식으로 그 자태를 뽐내고 있었다.

가이드의 설명에 따르면 이 궁전은 나스르 왕조의 후계자들이 1238년부터 1358년에 걸쳐 건설하였으나, 스페인의 페르난드 2세의 공격으로 아프리카로 물러나면서 이슬람 왕조와의 연을 다했다고 한다. 그 뒤, 1516년부터 50여 년 동안 스페인 카롤 5세가 궁 일부를 이탈리아풍 궁전인 르네상스 양식으로 재건하였다고 한다. 그러다가 1821년 지진으로 큰 손실을 보아 1828년에 복원하여 지금의 모습을 유지하고 있다고 한다.

알람브라 궁전이 세상에 널리 알려진 것은 유명한 기타리스트 프란치스코 타레가의 〈알람브라 궁전의 추억〉이 발표된 뒤부터라고 한다. 트레몰로 주법*이 만들어내는 애잔한 분위기는 알람브라 궁전의 서글픈 역사를 잘 표현해준다. 또한, 설에 불과하지만 타레가가 어느 여인을 사랑했으나 그 사랑이 이루어질 수 없게 되자 떠난 여행길에서 이 궁전을 보고서 작곡했다는 이야기도 전한다. 이러한 이야기들이 곡의 애절한 느낌과 잘 맞아떨어지는 것 같다.

스페인을 여행하는 동안 톨레도를 비롯한 여러 도시의 방문을 통해

---

* 트레몰로 주법 : 하나의 베이스음을 엄지로 탄현 하고 세 개의 연음을 반복적으로 연주하는 것이 기본적인 트레몰로다. 클래식 기타에서 가장 아름다운 소리를 내는 테크닉 중의 하나다. 지속적으로 너울지는 소리…. 이 소리는 지금도 특히 프란체스코 타레가의 알람브라의 궁전의 추억이 연주될 때 관객을 매혹시킨다.

많은 민족이 나라를 세우고 지켜내기 위하여 수많은 전투를 벌이며 승리하고 패망하는 역사의 자취를 살펴볼 수 있었다. 언제나 역사에서 승자와 패자는 그 나라의 주인인 지도자와 국민이 어떤 정신을 가지고 살아가느냐에 달려있음을 알 수 있었다. 우리는 항상 나라의 주인이 곧 나라는 생각으로 어떻게 사는 것이 나와 국가를 위한 길인가를 생각하며 살아가야 할 것 같다.

(2017. 02. 19.)

지금 생각해도 너무 아쉬운 여행

1983년 4월 첫 번째 토요일로 기억한다. 나는 그날 석산 어머니와 장모님을 모시고 온양온천으로 여행길에 나섰다. 아내는 셋째 아이를 배고 또 두 아이를 보아야 하므로 내가 두 분을 모시고 갈 수밖에 없었다. 온양으로 온천여행을 계획한 것은 두 분이 연세가 드시고 온천욕을 하는 것이 건강에 크게 도움이 되리라는 생각 때문이었다.

나는 평소에 아이들을 키우시느라 고생하시는 석산 어머니와 신경통이 있으셔서 고생하시는 장모님을 언젠가 꼭 온천여행을 시켜드려야겠다는 마음을 먹고 있었다. 그래서 아내에게 이런 내 생각을 말했더니, 아내도 아주 좋아라고 반기면서 동의해주었다. 그래서 기회를 보아오다가 어머니와 장모님께 말씀드렸더니 처음에는 두 분 모두 거절하시었다. 어머니께서는 너무나도 검소한 생활만을 고집하시어 필요한 곳에나 좋은 일에 돈을 쓰려 해도 항상 절약만을 강조하셨다. 그러므로 어머니의 검소한 삶은 평소 필요한 일에 돈을 쓰는 것은 당연하다는 아내와 갈등의 원인이 되기도 했다. 장모님께서도 인자하고 겸손한 분이어서 자신을 위한 일이라면 절대로 돈 쓰는 일에는 사양하셨다. 그래서 아내와 내가 여러 차례 간곡히 말씀을 드려 어렵사리 이렇게 두 분을 모실 수 있었다.

장성에서 두 분을 태극호로 천안역까지 모셨다. 그곳에서 내려 점심을 대접해 드렸다. 그리고 택시를 타고 흑성산 아래 위치한 독립기념관으로 가 대한민국 독립운동 과정과 고대국가 성립과정에 대한 전시 자료들을 관람하였다. 요즈음 같으면 자가용을 이용하겠지만 그 당시만 해도 대중교통이나 택시를 이용해야만 했다. 관람이 끝나자 우리는 천안으로 나와 다시 온양까지 버스를 이용하여 이동하였다. 온양에서는 이순신 장군을 모신 현충사를 둘러보았다.

현충사를 둘러본 뒤에, 나는 두 분을 온양 시내로 모시고 나와 온천여관을 정하고 피곤한 몸을 풀기 위해 온천탕에서 땀을 흠뻑 흘리며 목욕을 하였다. 온몸이 나는 듯 피로가 싹 가신 느낌이었다. 어머니와 장모님께서도 온천탕에서 목욕하니 개운하고 피로가 확 풀리는 것 같다고 하시며 아주 좋아하셨다. 저녁 식사는 불고기로 대접을 해드렸다. 두 분께서는 서로 많은 이야기를 즐거운 모습으로 정감 있게 나누셨다. 그 모습을 보면서 나와 아내가 모처럼 보람이 있는 일을 한 것 같아 마음이 흐뭇했다.

저녁 식사를 한 뒤에, 어머니와 장모님을 모시고 이런저런 이야기를 나누었다. 이야기를 나누다 보니 시간이 되어 두 분께서 편안히 주무시도록 잠자리를 마련해드린 뒤, 내일 아침에도 온천욕을 하시도록 말씀드리고 난 뒤 잠자리에 들었다.

아침 일찍 깨어나 두 분께 문안 인사를 드렸더니, 어머니와 장모님께서 일찍 일어나시어 온천욕을 하였다고 말씀하셨다. 두 분을 모시고 여관에서 아침 식사를 한 뒤에 온양 시내를 이리저리 구경하였다. 시내를 구경한다지만 어디서나 볼 수 있는 시장 모습이라서 특별한 것은 없었다.

어머니와 장모님께서는 이만하면 되었으니 이제 집으로 돌아가자고 하셨다. 그래서 점심은 삼계탕으로 대접해 드리고 싶어서 이곳저곳을 살펴보았지만 쉽게 찾을 수가 없었다. 한참을 헤매다가 찾아 들어간 식당에서 겨우 삼계탕을 주문하여 대접해 드렸다. 그런데 내가 기대한 그런 삼계탕이 아니었다. 어머니와 장모님께서 아주 맛있게 드시는 모습을 보고 싶었는데, 그러지 못해 마음이 께름칙했다. 점심을 먹은 뒤, 우리는 천안역으로 나와 목포행 태극호에 몸을 싣고 장성으로 돌아왔다.

두 분께서는 덕분에 온천욕도 잘하고 좋은 여행을 했다고 말씀하셨다. 하지만 그놈의 삼계탕 때문에 내 마음은 아쉽기 그지없었다. 이다음에는 꼭 더 좋은 곳에 모시어 더 좋은 음식, 더 좋은 여행을 하시도록 해드려야겠다고 마음속으로 다짐하며 여행을 마무리했다.

그런데 그렇게 마음속으로 다짐을 하고서도 애들 교육에 힘쓰고 이래저래 바쁘게 살다 보니 많은 세월이 흘러버렸다. 그사이 장모님께서 돌아가시고, 어머니께서도 세상을 뜨신 지가 이십삼 년이 다 되어간다.

생각해 보면 그때 더 좋은 음식으로 두 분을 모시지 못한 것이 너무 아쉽고 후회가 된다. 그 뒤로 다시는 두 분을 모시지 못한 채 흘러가버린 세월이 너무 무정하고 아쉬울 뿐이다. 지금 생존해 계시어 두 분을 모시고 자가용으로 전국 방방곡곡을 구경시켜드리고, 또 외국 여행을 시켜드릴 수만 있다면 얼마나 좋을까? 그럴 수만 있다면 이렇게 아쉽고 후회되지는 않을 텐데 말이다. 그저 속절없이 빠르게 지나가버린 세월이 한없이 원망스러울 뿐이다.

(2016. 06. 29.)

석장리에서 만난 구석기인들

신아문예대학작가회 문학기행에 다녀오기 위해 아내와 나는 아침 일찍부터 서둘렀다. 평소와 다르게 한 시간을 앞당겨 집을 나서 두 분 교장 선생님을 모시고 전주로 향했다. 비 온 뒤끝이라 날씨가 흐리니 시원하여 여행하기에는 딱 좋을 성싶다. 9시 전까지 교육문화회관 앞으로 가기 위해 집을 나섰지만 러시아워로 차가 밀릴 것이란 예상을 하지 못했다. 전주 시내에 들어서면서부터 차가 거북이걸음이다. 조급한 마음이 앞서 서둘러 보지만 앞차가 움직여 주질 않으니 마음만 바빠진다. 이러다가는 늦을 게 뻔해 총무님께 전화로 상황을 말씀드렸다. 예정시간보다 5분 이상 늦어 출발장소에 도착하였다. 그래도 모든 문우님이 반가이 맞아주신다.

전주에서 출발하여 1시간 20분쯤 뒤에 목적지 공주에 도착하였다. 첫 방문지는 석장리 유적지였다. 이곳은 공주시 장기면 장암리에 있는 구석기시대부터 중석기시대에 걸친 사적 제334호로 지정된 우리나라 구석기시대의 대표적인 유적지다. 유적지 앞에는 동서 방향으로 금강이 흐르고, 북쪽으로 높지 않은 산과 언덕이 자리 잡고 있었다.

1964년 미국인 대학원생 앨버트 모어 부부가 부산 동삼동 조개 무덤에서 신석기시대 유적을 발굴하고, 다시 공주 석장리를 답사하던 중 뗀석기를 발견하였다. 이곳이 선사시대 유적지일 가능성이 있다고 보고, 그 뒤 연세대 유적 발굴팀과 함께 이곳을 찾아 발굴조사를 착수함으로써 구석기시대부터 중석기시대에 걸친 유적지로 세상에 빛을 보게 되었다.

이 유적지에 대한 조사는 1964년부터 1974년까지 10차에 걸쳐 연세대학교 박물관이 실시하였다. 그 결과 지층은 27개의 층위로 형성되어 있고 유물을 포함하고 있는 문화층도 11개 층위나 된다는 사실이 밝혀졌다. 이후 1990년과 1993년에 다시 구체적 발굴조사가 이루어져 보다 다양한 문화유적이 확인됨으로써 이곳을 통해 다음과 같은 것들을 밝힐 수 있게 되었다.

지질층은 강바닥, 강가, 비탈 쌓임 층으로 나뉘며, 아래 쌓임 층은 두 개의 다른 간빙기와 제4빙하기에 쌓인 것으로 밝혀졌다. 강가 쌓임 층의 맨 위층에서 나온 나무뿌리 테가 따뜻한 기후에서 이루어진 것을 알려주며, 나무 숯은 방사선 연대로 5만 270년보다 앞선 것으로 밝혀졌다. 또한 비탈 쌓임 층의 1호 집터에서 나온 화덕의 재는 2만 830년 전의 것임을 알려주며, 맨 밑의 강바닥 층은 30~50만 년 전으로 추측된다. 문화층은 아래층으로부터 돌감과 석기 만드는 방법의 발달 과정을 보여준다고 한다.

석기의 특징으로 볼 때 전기의 곧선사람들은 차돌과 편마암을 거칠게 떼 내어 외날 찍개, 안팎 날 찍개의 무거운 석기를 만들어 썼다. 그리고 중기의 슬기 사람들은 이 밖에 반암도 떼어 좀 더 발달한 긁개, 찌르개, 자르개, 홈 날, 톱날 석기를 몸돌과 격지 석기로 만들고 돌려떼기 수법도 쓰게 되었다. 후기의 슬기슬기 사람들은 아주 발달된 간접 떼기–돌날 떼기 수법을 썼으며, 돌날 자르개, 돌날 긁개, 돌날 밀개, 돌날 새기개 등을 만들어 세밀하고 정밀한 작업을 하였다. 돌감도 흑요석과 수정을 멀리서 가져다 썼음을 알 수 있다.

우리 일행은 석장리 금강변에 지어진 움집들이 모여 있는 마을로 이동했다. 이곳에 사는 털보숭이 무리들이 움집에서 나와 알아들을 수 없는 소리와 몸짓으로 우리 일행을 맞이했다. 그런 뒤 서로 자기네끼리 잠시 이야기를 나누는가 싶더니, 예닐곱 명쯤 되는 한 무리가 작살 등을 가지고 강가로 나갔다. 또 그보다 많은 다른 무리는 몽둥이와 돌로 된 연장을 들고 마을 뒤 언덕으로 올라갔다.

그리고 아마도 가장 나이가 들어 보이는 어른과 어린애를 비롯한 여인네들이 남아 우리와 움막들 사이에 있는 쉼터에 앉아서 손짓, 몸짓으로 이야기를 나누었다. 아마도 웃으면서 하는 몸짓으로 볼 때 "이곳을 방문해주어 반갑고 고맙다."라고 이야기를 하는 것 같았다. 그리고 우리에게 무엇인가를 먹을 것을 주겠으니 기다리라는 것 같았다.

그렇게 얼마나 시간이 흘렀을까? 강으로 갔던 무리가 물고기를 여러 꿰미 가지고 웅성거리며 돌아왔다. 그러자 여인네들은 물고기를 손질

하고, 한 사내가 모닥불을 피웠다. 물고기를 굽고 있는데, 마을 뒤 언덕으로 갔던 일행들이 사냥한 짐승 한 마리를 둘러메고 큰 소리로 무어라 소리를 지르고 껑충껑충 뛰면서 돌아왔다.

한동안 사냥한 짐승의 가죽을 벗기고 창자를 꺼낸 뒤 고기를 토막을 내어 불에다 굽는다. 배고픔이 밀려올 무렵이어서 그런지 고기 굽는 냄새가 진동하여 입에 침이 고였다. 물고기 구운 것과 산짐승 고기를 한 더미씩 먹으라고 내밀었다. 물고기는 검게 구워지고, 살코기도 핏기가 채 가시지 않은 채 덜 익고 그을린 상태라 차마 입에 넣기가 꺼려졌다. 그래도 어쩌랴. 시장이 반찬이라 하지 않던가? 받아 먹어 보니 보기는 그래도 맛은 제법 괜찮아 먹을 만했다.

점심을 먹은 뒤에 일행들과 함께 마을 주변을 둘러보았다. 강물은 유유히 흐르고, 마을 앞뒤로는 숲이 우거진 산들로 둘러싸여 있어 참으로 아늑하고 평화로워 보였다. 아마도 이런 좋은 터를 잡기 위해 그동안 수많은 시행착오가 있었을 것이다. 이곳에 정착하게 되면서 이처럼 무리도 크게 불어났을 성 싶었다. 아주 사람 살기 좋은 터로 보인다.

위와 같이 타임머신을 타고 구석기시대로 돌아가서, 이곳에 살던 구석기인들과 만나 얘기도 나누고, 음식도 나누며, 정을 쌓고 싶은 간절한 마음으로 이곳 석장리 유적지를 돌아보면서 나는 그런 상상을 해보았다.

구석기인들은 생존을 위해서는 물 좋고, 먹을거리가 풍부하며 자신들을 보호해 줄 수 있는 좋은 곳을 찾으려고 애썼을 것이다. 그래서 오늘날 우리와 마찬가지로 구석기인들도 사람 살기 좋은 곳을 찾아 그곳에 터 잡고 살았음을 이곳 석장리 유적이 말해주고 있었다. 석장리 유적을 발굴하여 우리에게 많은 것을 되돌아보게 해준 미국인과 손보기 교수를 비롯한 연세대 유적 발굴팀의 노고에 깊은 감사를 드리고 싶다.

젊은 시절 나도 한때 역사와 지리 공부를 좋아해 고고학을 연구하고 싶은 꿈이 있었다. 그 꿈을 이루지는 못했지만, 이곳 석장리 유적을 돌아보면서, 오랜 역사의 진실을 밝혀내는 매력이 있는 학문인 고고학에 대한 미련은 아직도 내 가슴속 깊은 곳에서 잔잔하게 꿈틀거리고 있음을 느꼈다.

(2018. 05. 19.)

깊어가는 카사블랑카의 밤

— 모로코 여행기

스페인 여행을 마치고 모로코를 방문하기 위하여 우리 일행은 영국령 지브롤터 가까이에 있는 항구도시 알제시라스를 찾았다. 모든 출국 수속을 마치고 오후 4시 40분에 출발하는 탕헤르행 배에 올라 알제시라스를 출발하였다. 지중해의 시원한 바닷바람을 맞으며 배에서 알제시라스를 바라보니 며칠 동안 정이 들어서인지 아쉬운 마음 가득하다.

저만치 우뚝한 성체 모양을 드러내 보이는 지역이 바로 16세기 영국이 무적함대를 물리치고 스페인으로부터 얻어낸 지브롤터란다. 이 지역은 지중해에서도 유럽과 아프리카 사이의 거리가 가장 좁은 지역으로, 군사적으로 매우 중요한 요충지여서 열강들이 눈독을 들이던 지역이었다. 결국, 영국이 이 지역을 차지함으로써 군사적으로 유리한 위치에 서게 되었다. 수없이 많은 배가 넘나들었던 이렇게 푸르른 지중해를 항해하다니 참으로 가슴이 뭉클해진다.

이곳은 콜럼버스가 신대륙을 발견하기 위하여 항해하였고, 고대로는 카르타고, 페니키아, 그리스와 로마제국의 군함과 무역선이, 중세와 근대에는 영국과 프랑스, 이탈리아, 스페인의 군함이나 상선들이 그 위용을 떨치며 드나들었던 역사의 자취가 숨 쉬고 있는 바다이다. 또한, 지중해는 수에즈 운하가 개통된 뒤부터 유럽과 중동, 그리고 아시아지역 여러 나라의 수많은 배가 오가는 아주 중요한 교역의 중심 무대였다. 쪽빛 푸른 물결이 넘실대는 오랜 역사의 현장 지중해에 푹 빠져 있다가 정신을 차려보니 모로코란다. 알제시라스에서 출발한 지 40여 분 만에 모로코의 탕헤르에 도착하였다.

탕헤르는 모로코의 주요 항구로 지브롤터 해협에 맞닿아 있으며, 스페인 남단에서 27㎞ 떨어져 있다고 한다. 무역과 관광 중심지일 뿐 아니라 건축업, 어업, 방직업 등이 발달한 도시다. 2014년 기준, 인구 95만여 명의 대도시로서 고대 페니키아의 무역 거점도시로 알려져 있다. 이곳은 705년경부터 1471년까지 이슬람 왕조의 지배를 받은 뒤, 17세기까지 스페인 · 포르투갈 · 영국의 지배를 받았다. 1684년 모로코에 반환된 뒤, 19세기까지 영국의 영향력이 강했으나 서서히 모로코의 외교 중심지로 변화되었다. 그 뒤 국제 공동관리 지역으로 남아 있다가 1956년 독립된 모로코 왕국에 통합되었다. 지금은 탕헤르 주의 주도로서 그 역할이 점차 확대되고 있다.

숙소에 짐을 풀고 샤워를 한 다음에 저녁 식사를 하였다. 그리고 오늘의 여정을 되돌아보며 잠시 정리하는 시간을 가졌다. 저 머언 동방의 나라에서 온 우리가 반가웠던지 윙윙거리는 모깃소리로 이리저리 뒤척이다 새벽녘에야 겨우 잠자리에 들 수 있었다.

모닝콜 소리에 아쉬운 잠자리를 뒤로하고 일어나 짐을 정리하고 아침 식사를 마친 뒤에 수도 라바트와 제1의 도시 카사블랑카를 관광하기 위하여 버스에 올랐다. 우리를 태운 버스는 탕헤르와 카사블랑카를 잇는 340㎞ 길이의 고속도로 위를 눈이 시릴 만큼 푸르른 대서양과 숨바꼭질을 하며 남쪽을 향해 신나게 달렸다. 양 떼들이 야트막한 구릉에서 평화롭게 풀을 뜯고, 밭에서는 사람들이 농사일에 부지런히 땀 흘리고 있다. 차창을 스쳐 가는 이국적인 모습 속에 푹 빠져들었다.

모로코는 사하라 지역을 제외하면 면적이 약 44만㎢이며, 인구는 3,400만으로 주로 90% 이상이 베르베르인과 아랍인으로 이루어진 이슬람 국가이다. 모로코는 입헌 군주국가로 하산 왕가는 요르단 후세인 왕가와 함께 이슬람 국가의 왕가 중에서도 뿌리가 있는 가문임을 자랑한다고 한다. 모로코는 주요 산업이 밀, 올리브, 오렌지, 사과를 재배하는 농업과 목축업이 주를 이루지만, 역사유적지를 중심으로 한 관광산업과 경공업, 그리고 광업부문의 생산량 증가로, 아프리카에서는 경제력이 5위인 꽤 안정된 나라로 알려져 있다.

수도 라바트에 도착하니 점심때가 되었다. 점심을 먹고 난 뒤 관광에 나섰다. 모로코 왕궁은 출입을 금하고 있어서 밖에서만 겨우 구경할 수 있었다. 이어서 1333년 알모하드 술탄에 의해 건축된 모스크인 그랑 모스크에 들렀는데, 참으로 아름다운 건축물이지만 이슬람교도 이외에는 내부에 들어갈 수가 없다 하니 자세히 들여다볼 수 없어 안타까웠다. 또 모스크 바로 뒤에는 살레의 성인으로 추앙받는 시디 압

델라 벤 하산의 묘가 있지만, 이곳 역시 입장은 불가였다. 아쉬움을 뒤로 하고 잘 정돈된 가로수 길을 빠져 나와 카사블랑카로 향했다.

한 시간 반쯤 달려 최종 목적지인 카사블랑카에 도착했다. 카사블랑카는 1468년 포르투갈 사람들이 해적의 기지가 된 이곳을 점령한 뒤에, 1515년 이곳으로 돌아와 새로운 도시를 건설하고 '하얀 집'을 뜻하는 카사블랑카로 명명했다고 한다. 그 뒤 1755년 대지진으로 파괴된 뒤 버려져 있던 것을, 알라위의 술탄 시디 무하마드 이븐 아브드 알라가 18세기 말에 이곳을 재건하였다고 한다. 그 뒤 스페인 상인들과 그 밖의 유럽 상인들이 이곳에 정착하기 시작하였다. 카사블랑카는 1907년 프랑스에 의해 점령되었으며, 1912년부터 1956년까지 프랑스의 보호령으로 있으면서 모로코 제1의 항구가 되고 급속도로 발전을 하였다고 한다.

우리는 카사블랑카에 도착하여 재래시장과 대서양 연안에 자리 잡은 고급 주택가를 둘러보았다. 재래시장에는 이 나라 사람들이 즐겨 찾는 온갖 농수산물이며, 의류, 그 밖의 잡화들로 넘쳐났다. 우리네와 별로 다름이 없는 전통시장의 모습임을 엿볼 수 있었다. 고급주택이 즐비한 대서양 연안 언덕에서 바닷가를 바라보니, 파도가 세차게 물보라를 일으키며 밀려왔다 다시 밀려간다. 그 푸른 바닷속에서 수많은 청소년들이 파도타기와 물놀이에 푹 빠져 있다. 그 모습은 마치 풍랑으로 배가 파손되어 어느 이름 모를 섬에 닿은 주인공이 보았을 그런 장면으로 다가온다.

저 멀리 바닷가에 우뚝 서 있는 모스크가 세계에서 세 번째로 규모가 크다는 하산 2세 이슬람 사원이라고 하였다. 그리고 그곳에서 멀지 않은 곳에 우뚝 서 있는 하얀 등대는 모스크가 세워지기 전까지 모로코에서 가장 높은 건축물이었다고 한다.

호텔로 돌아와 짐을 풀고 샤워를 한 뒤에 저녁 식사를 하였다. 그리고 나는 아내와 함께 이곳의 명물인 영화 〈카사블랑카〉의 주인공 릭이 운영하던 카페를 찾았다. 카사블랑카가 세계적으로 유명하게 된 것은 1942년 험프리 보가트와 잉그리드 버그만 주연의 영화 〈카사블랑카〉가 만들어진 뒤부터라고 한다.

2차 세계대전 당시, 유럽인들은 나치를 피해서 미국으로 탈출하거나 유럽에서 가까운 모로코로 피신하였다. 이 영화의 무대도 유럽인들이 미국으로 탈출하기 위하여 모여드는 카사블랑카다. 어느 날, 미국으로 가기 위해 비자를 기다리는 피난민들 틈에 섞여, 레지스탕스 리더인 라즐로(폴 헨라이드)와 아내 일자(잉글리드 버그만)가 릭(험프리 보가트)이 운영하는 카페를 찾는다. 일자는 릭의 옛 연인이었다. 라즐로는 릭에게 미국으로 갈 수 있는 통행증을 부탁하지만 아직도 일자를 잊지 못하는 릭은 선뜻 라즐로의 청을 들어주지 않는다. 경찰서장 르노와 독일군 소령 스트라세는 라즐로를 쫓아 릭의 카페를 찾고, 결국 일자를 사랑하는 릭은 라즐로와 함께 일자를 떠나보내는데, 공항에서의 마지막 이별 장면이 특히 잊히지 않는 명장면이다.

릭과 일자의 관계를 의심하는 라즐로에게 릭은 일자와의 관계를 '우리는 영원히 파리에 함께 있을 것'이라며 추억을 간직하고자 한다. 그리고 릭은 아무 설명도 필요 없다는 라즐로에게 나중을 위해서라도 알아야 한다며, 지난밤 일자가 자기에게 찾아온 것은 여권을 얻기 위해서라는 아름다운 거짓말까지 한다. 자신과 일자의 사랑은 오래전 이야기이고, 일자는 여전히 남편인 당신을 사랑한다는 것이다.

개봉 당시 그저 한 편의 할리우드 영화일 뿐이었으나 그 뒤 이렇게 꾸준히 사랑받는 이유는, 잃어버린 사랑과 구원이라는 보편적인 주제와 배우 험프리 보가트, 잉그리드 버그만의 아우라, 그리고 애잔한 주제곡이 세월의 흐름과 함께 잔잔한 감동을 선사하기기 때문이 아닌가 한다.

아내와 나는 영화 속의 한 장면으로 등장했던 릭의 카페에서 영화 카사블랑카의 주제곡을 들으며, 커피를 마시는 여유롭고 행복한 시간을 가질 수 있어서 아주 행복했다. 그리고 '우리가 바로 영화 속의 멋진 그 주인공'이라는 환상을 빠져 있는 가운데 카사블랑카의 밤을 깊어만 갔다.

(2017. 02. 21.)

우도 여행

퇴직한 지 4년이 다 되어간다. 오랜만에 아내와 함께 멀리(?) 여행을 하는 것 같다. 아내의 건강이 여의치 않아 먼 곳으로 여행하는 것이 어려웠다. 1년 전부터 우리 부부가 매달 얼마씩 여행자금을 모아, 건강이 좋아지면 국내는 물론이고 해외여행을 하기로 했었다. 그래서 이번에 제주도 여행을 작정하고 한 달 전부터 준비하였다. 그런데 비행기를 이용하려다 보니 날씨가 문제였다. 3월 말쯤 여행 계획을 세우고 가기로 작정한 날을 앞두고서 두세 차례 날씨 때문에 연기를 해야만 했다. 한 번은 공항에 가 비행기까지 탑승하였으나, 제주지역에 강풍이 불어 운항이 어렵다고 하여 집으로 돌아와야만 했다. 그렇게 힘든 과정을 거쳐 이번에는 다행히도 날씨가 좋다고 하여 여행을 떠나게 되었다.

화창한 날씨에 상쾌한 마음으로 여행을 시작하였다. 렌터카를 이용하여 첫 번째 여행지인 마라도를 다녀왔다. 몇 차례 제주도 여행을 하였기 때문에, 다음 여행지는 전에 가보지 않았던 곳을 택하여 관광하기로 하였다. 그래서 선택한 곳이 우도 여행이다. 여행에 앞서 우도에 대한 자료를 찾아보았다.

우도는 행정구역상으로 제주특별자치도 제주시 우도면에 속하는 섬으로 동경 120° 57′, 북위 33° 30′에 위치하며, 구좌읍 종달에서 2.8km 떨어져 있다. 제주도 동쪽에 위치한 섬으로 제주 근해의 부속도서로는 가장 큰 섬이다. 섬의 형상이 물소가 머리를 내밀고 누워 있는 모습과 같다고 하여 우도라고 한단다. 하천과 용천수가 없으며, 음료수는 빗물에 의존한다.

동남쪽의 우도봉을 정점으로 북쪽으로 완만한 경사를 이루면서 대부분 지역이 고도 30m 이하의 평탄한 지형을 이룬다. 해안은 사빈해안*으로 된 북동쪽의 독진포를 제외하면 암석해안으로 특히 남쪽 해안에는 해식애*와 해식동굴이 발달해 있다. 해양성 기후로 1월 평균기온이 5.5℃, 8월 평균기온 25.6℃, 연간 강수량 1,304㎜이다.

1698년(숙종 24년)에 목마장이 설치되면서 사람들의 왕래가 시작되었으며, 1840년대부터 일반인의 거주가 허용되었다. 행정구역상으로는 1968년에 북제주군 소속 우도면으로 승격되었으며, 2006년에 제주시 우도면이 되었다. 2010년 기준으로 인구는 731세대 1,575명이 거주하고 있다. 취락은 섬 여러 곳에 분산되어 있으며, 4개의 행정리로 천진리, 서광리, 오봉리, 그리고 조일리가 있다.

---

* 사빈 해안: 파랑과 연안류에 의해 퇴적되어 생성되며 만에 주로 발달한 모래 해안

* 해식애: 파도의 침식작용과 풍화작용에 의해 생긴 낭떠러지(절벽)

주민들은 반농반어*에 종사하고 농업소득 40%, 어업소득이 60%이다. 주요 농산물로는 마늘, 땅콩 등이며, 해산물로는 자연산 소라, 오분자기, 넓미역, 톳 등을 생산한다. 소와 돼지의 사육이 활발하며, 연근해에서는 어선으로 문어와 갈치를 잡고, 낚시로 방어와 농어를 주로 잡는다. 천진항과 하우목동항에서 성산포까지 여객선이 수시로 운항하며, 교육기관으로는 우도초등학교와 우도중학교가 있다.

성산포항에서 배를 타고 15분 만에 천진항에 도착하였다. 우도에는 많은 사람이 오고 감을 알 수 있었다. 어떤 이들은 승용차나 승합차를 배에 싣고 오는 데 그러지 못한 나는 우도를 여행하려면 어떻게 해야 할까 걱정이 되었다. 그런데 막상 천진항에 내려 보니 섬을 여행하는 사람들을 위하여 여러 대의 버스와 전기 바이크, 자전거 등이 기다리고 있어서 걱정은 기우였음을 알게 되었다.

놀라운 것은 관광버스의 운행체계가 잘 되어있다는 점이다. 버스를 5대를 1호 차부터 5호 차로 정하고, 5대의 버스가 천진항에서 30분 간격으로 출발하여 우도의 명승지 5코스를 일주하는 체계이다. 1코스는 우도봉과 동안경굴이 있는 검멀레 해안, 2코스는 등대까지 볼 수 있는 비양도, 3코스는 물이 맑아 아름다운 하고수동해수욕장, 4코스는 우도박물관, 그리고 마지막 코스는 하얀 모래로 백사장을 이루고 있는 서빈백사 등으로 이루어져 있어서 관광객들은 버스비 5,000원으로 우도의 명승지를 마음 놓고 구경할 수 있다고 하니 참으로 좋았다.

---

* 반농반어: 농사지으면서 고기잡이도 하는 일.

나는 아내와 버스를 타고 1코스 검멀레해안에서 내려, 사진도 찍고 동안경굴을 멀리서나마 관광하고 잠시 휴식을 취한 뒤에 다음 버스에 올랐다. 버스를 타고 5분 정도 달리니 비양도가 나왔다. 우도와 가까이에 있어서 비양도와는 도로가 연결되어 있었다. 바다가 그렇게 맑을 수가 없다. 우리는 버스에서 내려 비양도로 걷다가 조그마한 승마장에 다다랐다.

마주가 아내는 몸이 연약하여 "말을 탈 수 없네요."라고 말하니 나만 말을 탈 수밖에 없었다. 난생처음으로 타보아서 그런지 마주가 말을 잡고 안내를 하지만 말의 움직임에 따라 몸이 뒤뚱뒤뚱 움직이니 생각보다 균형을 잡기가 어려웠다. 그제서야 왜 아내에게 말을 타서는 안 된다고 했는지 이해가 되었다.

비양도 관광을 마치고 버스정류장으로 나오니 갈증이 났다. 바로 앞 커피전문점에서 이곳 특산물인 땅콩 아이스크림을 시켜 먹었다. 참으로 고소하고 맛이 있었다. 이곳에서 1박을 할 수 있다면, 3코스에 있는 멋있는 하고수동해수욕장에서 내려 마음껏 즐기다가 가련만, 다음 일정 때문에 5코스에서 내려 세계에서도 많지 않다는 서빈백사 하얀 모래 백사장에 들르기로 하였다. 모래가 그렇게 하얗고 아름다울 수가 없다.

누가 금강산도 식후경이라 했던가? 점심때가 되니 배가 고프다. 인근에 있는 식당에서 전복죽과 성게비빔밥을 시켜 먹으니 어찌나 맛이 좋던지 오래도록 잊을 수 없을 것 같다. 단돈 5,000원에 우도를 일주하는 관광을 하다니 생각만 해도 즐겁고 흐뭇했다. 다시 기회가 온다면 가벼운 마음으로 또 이곳을 찾고 싶다는 생각이 들었다.

우리가 사는 전북지역에서도 관광 활성화를 위하여 큰 노력을 다하고 있는 것으로 안다. 관계자들이 우도 관광체계를 벤치마킹하여 이용한다면 관광발전에 크게 도움이 되지 않을까 싶다.

(2016. 5. 24.)

제4부

오솔길을 걸으며

무더운 여름의 굴레에서 벗어나 풍요롭고 시원한 가을로 들어서나 싶더니, 아침저녁으로 서늘한 기운이 맴돈다. 엊그제 나는 친구들과 개막을 앞둔 천만 송이 국화축제가 열리는 익산에 다녀왔다. 오랜 연륜이 쌓여서 그런지 준비가 참 잘되어 있었다. 고운 빛깔의 국화꽃으로 된 건축물, 새, 공룡 등의 여러 가지 조형물들이 아름다움과 멋을 뽐냈다.

나는 어느 곳을 찾든지 사람들이 붐비는 곳은 되도록 피하려고 한다. 물론 "인간은 사회적 동물이다."라고 말한 어느 철학자의 말처럼 인간은 사회를 떠나서 살 수는 없는 존재임을 잘 안다. 하지만 나만의 조용하고 한가로운 여유를 찾고 싶어서 그런다.

오늘도 나는 점심을 먹은 뒤, 혼자서 정읍사예술회관 뒤편 오솔길을 찾았다. 아무도 없는 조용한 산길을 오르다 보면 보이는 것은 오직 숲속의 나무들과 이름 모를 잡초와 돌멩이들, 그리고 여기저기 나뒹구는 낙엽들뿐이다. 이렇게 나 홀로 호젓이 오솔길을 걷노라면 나무나

잡초, 돌멩이들까지도 친구가 된다. 그런 친구들과 대화도 나누고, 그들을 칭찬하거나 격려도 하면서 산길을 걷다 보면, 나 자신도 마음의 평화를 얻는다.

정읍사예술회관 바로 뒤편 계단을 오르면, 그 양옆에 줄지어 서 있는 회양목과 억새들이 두 팔을 벌리고 나를 반기며 아우성이다. 이른 봄 회양목은 단 내음을 가득 품고서 꿀벌에게 손짓하는데, 유심히 바라보지 않으면 그들이 피워내는 귀엽고 자그마한 연노랑 꽃을 지나치기 쉽다. 그 앙증맞은 꽃은 적지 않은 꿀을 머금고서, 그 단 내음으로 꿀벌을 유혹한다.

숨을 헐떡이며 계단을 올라가면 벚나무 아래 조그마한 의자가 하나 있어 그곳에서 잠시 머물다 가곤 한다. 그곳에서 시내를 바라보면, 마치 대도시의 한 부분을 옮겨다 놓은 것 같은 아파트 숲이 내 마음을 사로잡는다.

잠시 그곳에 머물다 몸을 곧추세워 오솔길을 오르면 단풍나무숲에 다다른다. 울창한 단풍나무 숲으로 이어지는 산길은 어두움과 적막함으로 가득하다. 행여 그들만의 고요를 방해할까 두렵다. 시원하다 못해 서늘함이 듬뿍 배어있는 숲속을 오르면서 문득 나도 이 순간을 호흡하고 있는 수많은 생명체 가운데에서 하나임을 새삼 발견한다. 그리고 저만치 나뭇가지 사이로 보이는 상가들과 아파트 안에서 이름 모를 수많은 생명이 이 순간을 살아가고자 몸부림치는 모습이 눈앞에 선하게 그려진다. 크게 심호흡을 하고서 다시 발걸음을 옮긴다.

지난 이른 어느 봄날 이곳에 오르니, 얼어붙었던 대지가 따사로운 햇볕을 받아 긴 겨울잠에서 깨어나고 있었다. 따뜻한 햇볕과 졸 졸 졸 흐르는 개울물, 그리고 지난가을 그 임무를 다하고 바람에 날려 대지 위를 나뒹굴던 낙엽의 잔해가 고귀한 영양의 공급원이 되어 숲 속의 나무들은 새잎을 틔우고, 땅속에서는 새 생명이 움터 오르고 있었다.

그리고 봄이 가고 여름이 오자, 이곳 오솔길 주변은 온갖 나무들이 초록 세상을 펼치려는 치열한 몸부림으로 그들의 꿈을 강렬하게 키워 가고 있었다. 다시 시간이 흘러 가을이 저물면서 그들은 어김없이 자신을 잉태케 했던 본향으로 되돌아갈 채비를 서두르고 있었다. 그 뒤 눈보라 휘몰아치던 날, 이곳 오솔길을 찾았을 때는 주위의 모든 것들이 마치 제자리에 멈추어버린 듯 시린 차가움으로 가득했다. 이런 흐름은 해마다 반복되었다.

오솔길을 오가며 '나도 이 같은 자연의 순환 속에서 잠시 스쳐 가는 존재가 아닌가?'라는 생각에 내 마음 우울해진다. 어떤 이들은 세상을 살면서 상대를 속이고, 탓하고, 매도하고, 그리고 짓이겨 누르려고 생각을 하며 사는 것만 같다. 제아무리 그리해도 결국 세월이 흐르면 자연으로 되돌아가는 것을, 왜 그리들 아웅다웅하고서 사는지 한 번쯤 곰곰 생각해보면 어떨까?

경사진 비탈길을 따라 정자가 있는 언덕을 오른다. 숨이 차오른다. 아직도 내가 쉬어갈 편백 나무숲은 저 멀리에 있다. 저만치 숲 속에서 이름 모를 산새가 ‘까 아악, 까 아악’ 울어댄다. 한 해가 저무는 바로 지금, 이제는 많은 이들을 고통의 굴레에서 벗어날 수 있도록 결단을 내려야 하지 않느냐고 그 누군가에게 울부짖는 것만 같다.

(2016. 12. 01. 광화문 앞 촛불 모임을 생각하며)

추억이 서린 백양사 뒤 골짜기

1976년 6월 6일은 우리 부부가 약혼식을 치른 날이다. 중매쟁이를 통해 처녀, 총각으로 만난 지 한 달도 채 되지 않아 양가는 약혼식을 치르기로 했다. 그래서 이날 장성읍에 있는 한옥 여관에서 양가 어른들을 모시고 장래를 기약하며 약혼식을 올렸다. 점심을 먹고 사진을 찍은 뒤, 약혼 기념으로 우리는 택시를 대절해 백양사 구경에 나섰다.

중학교 시절에 친구들과 다녀온 적이 있었지만, 약혼녀와 함께 백양사를 찾으니 가슴이 벅차올랐다. 백양사로 향하는 숲길과 그 경내가 이전과 다른 모습으로 다가왔다. 백양사를 둘러본 뒤, 우리는 백양사 뒤 비자나무 울창한 오솔길을 오르다가 시원한 계곡으로 내려가 그곳에 자리를 잡았다.

우리는 그곳에서 졸졸졸 흐르는 맑은 물에 발을 담그며 이야기를 나누었다. 나도 말수가 적은 편이지만 그녀는 다소곳이 내 말에 귀 기울이며 한동안 조용히 듣기만 하였다. 백양사 뒤 비자나무숲 아래 골짜기에서 그렇게 그녀와 나는 우리의 미래를 기약했다.

그리고 오후 4시쯤이나 되었을까? 되돌아온 택시를 타고 서삼면 신평 그녀의 집으로 갔다. 그리고 저녁 식사를 그녀의 가족들과 나눈 뒤, 밤 열차를 타고 정읍으로 돌아왔다.

결혼한 뒤 가끔 나는 아내와 함께 추억이 깃든 백양사 그 골짜기를 찾곤 하였다. 그 골짜기를 찾을 때마다 우리 부부는 그때를 생각하며 웃음 짓곤 한다. 그 당시 우리에게는 풋풋한 젊음과 내일을 향한 푸른 꿈이 있었다. 그리고 이제 막 싹터 오르기 시작한 사랑과 향긋한 설렘이 있었다. 그래서 우리는 지금도 그때를 잊지 못하며 그리워한다. 다시 되돌릴 수만 있다면, 그 시절로 되돌아가 지금까지보다 훨씬 더 멋있는 인생을 그려볼 수 있을 것이다.

어제도 우리 부부는 둘째 아들과 함께 백양사를 찾았다. 승용차로 내장산에서 추령재를 지나 백양사 방면으로 향했다. 고개를 내려가니 그곳은 도로 확장공사가 한창이었다. 가을의 초입에 들어선 요즈음 시원한 날씨 때문인지 백양사 입구에 들어서니 가을 내음이 짙게 밀려온다. 매표소를 지나니 길가에는 이제 조금은 지쳐 보이는 상사화가 우리를 맞았다.

주차장에 차를 받쳐놓고 우리는 백양사로 향해 걸었다. 아름드리 상수리나무와 비자나무, 단풍나무 숲이 맑은 물이 흐르는 계곡과 어우러져 이곳을 찾는 우리에게 시원하고 아늑함을 선사했다. 언제나 백양사는 울창한 숲과 넉넉한 계곡물 그리고 백암산 학 바위가 함께 어우러져 이곳을 찾는 우리를 한없이 편안하고 느긋한 마음을 느끼도록 보듬어 준다.

우리는 백양사 뒤 시원하고 아늑한 비자나무 숲길을 따라 약사암 입구까지 걸었다. 그곳에서 아내와 둘째는 벤치에 앉아 쉬기로 하고 나 홀로 약사암으로 향했다. 오랜만의 산행이라서 그런지 숨이 차 올랐다. 수많은 계단을 한 계단 한 계단 오르니 이윽고 약사암이다. 약사암에 올라 저만치 산아래를 바라보니 웅장한 대가람의 모습이 눈앞에 선연히 드러난다. 살랑 불어오는 바람을 즐기다 아내와 둘째가 기다리는 곳으로 내려왔다.

이곳 백양사 일대에는 7,000여 그루나 되는 비자나무가 자생하며 숲을 이루고 있다. 이곳 비자나무 숲은 1962년 말부터 국가에서 천연기념물로 지정하여 관리하고 있다고 한다. 비자나무 열매는 구충제와 같은 의약 재료와 식용유로 사용되며, 목재는 탄력이 좋고 무늬가 예뻐 건축과 가구 자재로, 바둑판이나 조각을 위한 목재 등으로 많이 쓰인다고 한다.

비자나무 숲에서 맑은 공기 흠뻑 들이마시니 폐부 깊숙한 곳까지도 신선하고 상쾌해진다. 이곳 비자나무 숲은 우리가 이곳을 찾을 때마다 우리 사랑의 든든한 지원군이 되어 주었고, 편안하게 쉴 수 있는 쉼터를 마련해 주었으며, 맑은 물과 시원한 바람 그리고 신선한 공기를 듬뿍 제공해주는 등 실로 많은 혜택을 주었다는 생각에 절로 고개가 숙여진다.

내려오다가 추억의 그 골짜기를 찾았다. 백양사 뒤 이 골짜기를 찾는 것만으로도 우리 부부는 행복했다. 이곳에서 자주 우리는 새로운 에너지를 충전하고 우리의 사랑을 다시 한 번 확인할 수 있기 때문이다.

남모르던 청춘남녀가 만나 약혼을 하고 결혼해 가정을 이루었다. 그리고 우리가 그리던 꿈을 이루고자 많은 고난을 잘 이겨내며 여기까지 왔다. 그동안 우리는 초심을 잃지 않고 우리의 꿈을 이루어내기 위해 꾸준히 인내하며 노력했다. 그렇게 하면 우리 가정은 사랑과 행복이 넘쳐나는 가정으로 바뀔 수 있음을 굳게 믿었다. 그런 믿음이 이곳 백양사 뒤 골짜기에서 시작되었다는 생각에 지금까지 우리는 이곳을 그리워하며 찾았다. 우리의 꿈과 사랑이 서려 있는 백양사 뒤 이 골짜기는 앞으로도 우리에게 더 많은 희망과 위안을 줄 것이다.

(2016. 09. 21.)

텃밭 가꾸기

40여 년간 직장생활을 마치고 퇴임하면서, 당분간은 휴식을 취하면서 무엇을 할 것인가 고민하기로 했다. 그래서 생각한 것이 책도 읽고, 여행도 하며, 조그마한 텃밭을 일구어 채소를 가꾸는 것이었다.

제일 먼저 ≪삼국지≫를 읽었다. 퇴직하면 꼭 읽어보겠다고 벼르고 있던 터라 10여 권의 책을 며칠 사이에 뚝딱 해치웠다. 그리고 사마천의 ≪사기≫, 멜빌의 ≪백경≫, 플로베르의 ≪보바리 부인≫, 톨스토이의 ≪부활≫ 등 책 읽기에 몰두했다. 그리고 건강관리가 중요하기에 아침에는 체조와 요가를 하고, 오후에는 가까운 오솔길을 걸었다.

퇴임한 이듬해 이른 봄, 마침 가까운 곳에 조그마한 땅이 있어 포클레인을 동원하여 땅을 잘 정리하였다. 그리고 어떤 채소들을 심을 것인가 결정한 뒤, 그것들을 심을 구간을 정하여 거름과 토양살충제를 뿌린 다음에, 곧바로 모종을 심을 수 있도록 준비했다. 그런 뒤 시장에 가서 상추, 들깨, 쑥갓, 부추, 브로콜리, 고추, 가지, 강낭콩, 호박 등 여러 가지 모종을 사왔다.

먼저 아내가 자신의 체질에 맞는 채소를 심었으면 해서 들깨, 부추, 브로콜리, 겨자를 심었다. 그리고 상추, 쑥갓, 고추, 가지, 강낭콩, 호박들을 시기에 맞추어 차근차근 심었다. 조그마한 땅이지만 여러 구역으로 나누어 채소를 좌와 우를 맞추어 심어 놓았더니 아내가 보고

"여보, 마치 군인들이 열병식을 하고 있는 것 같네요."

하고 말하며 빙그레 웃었다. 많지는 않지만 여러 가지 채소를 심으니 부자라도 된 듯 마음이 흐뭇했다. 이제부터 무농약에 유기농 채소를 가족들에게 제공할 수 있다니 내일이 기대된다.

날마다 틈을 내어 텃밭에 가서 생활하니, 몸은 조금 피곤하나 식물들이 하루가 다르게 푸르름을 더하며 변화되는 모습을 볼 수가 있어서 그렇게 좋을 수가 없다. 모종의 뿌리 내림이 중요하니 물을 가끔 주어야 한다는 이웃 아주머니 말씀에 따라 물을 주고, 때로는 김을 매고, 거름을 주며 정성을 다하니 기대에 어긋나지 않게 채소들이 잘 자라주었다.

밭농사가 초짜인 내가 친구들과 이웃 어른들의 조언에 따라 온갖 노력을 다하지만 그래도 경험이 많은 분들의 능력을 따른다는 것은 어려운 일일 것이다. 상추, 들깨, 부추, 가지 등 기르기 어렵지 않은 품종은 그래도 기대에 어긋나지 않게 잘 자라주는데, 호박이며 브로콜리 등은 처음에는 반짝 자라는듯하여 마음을 놓았더니, 웬걸 호박은 시들시들해지고 브로콜리는 잎만 무성이 자라더니 그것으로 그만이었다. 쑥갓이며 고추도 웃자라거나 탄저병이 와서 고추에 검은 점이 나

타나는가 싶더니 이내 썩어버리고 겨우 몇 바구니의 고추만을 수확할 수 있었다. 원인을 알아보니 호박이나 쑥갓은 거름이 부족해서 자람이 멈추거나 웃자랐고, 고추는 농약을 자주 하지 않아 그런다고 했다.

이런 과정을 통하여 터득한 것이 '아무나 농사를 짓는 것이 아니로구나!'라는 깨달음이다. 농사도 많은 경험과 연구를 통한 과학적인 지식이 뒷받침되지 않으면 성공할 수가 없음을 알게 되었다. 그래도 다행인 것은, 나 같은 무경험자에게 일부의 작물이라도 수확을 할 수 있는 희망을 주었다는 점이다. 다행히도 아내가 좋아하는 부추, 들깨가 잘 자라주었고, 또 내가 원하는 상추가 잘되어서 내년에 대한 기대를 주었다는 점이다.

내년에는 호박구덩이에 더 많은 밑거름을 주고, 모든 농작물을 심기 전에 작물과 토양의 특성에 따른 농작물의 재배, 거름의 시기와 양, 병충해 방제 등에 대한 많은 대비를 한 뒤에 채소들을 가꾸어야겠다고 생각해본다. 또 중요한 것은 많은 연구도 필요하지만, 현장에서 실제 작물 재배를 통한 많은 경험을 쌓은 분들의 조언을 듣는 것도 중요한 것 같다. 텃밭 채소 가꾸기를 통하여 실패한 것도 있지만 그에 못지않게 또 많은 깨달음도 얻었던 것이 좋은 경험이 아니었나 싶다.

(2016. 5. 14.)

석산마을, 그리운 내 마음의 고향

나는 태어나서 지금까지 30여 년 이상을 이곳 정읍 시내에서 살고 있다. 내 고향은 정읍시 입암면 원접 마을이다. 학창 시절과 군 생활을 제외하고는 그곳에서 태어나 성인이 될 때까지 살았으니 그곳이 분명 나의 고향이다. 그런데 내 마음속의 고향은 따로 존재한다. 지금은 호수가 생겨 마을은 자취를 감추어버렸지만, 초등학교 시절 방학 때마다 찾아가 어머니와 함께 보내고 친구들과 즐겁게 지내던 석산마을, 그곳이 바로 내 마음의 고향이다.

초등학교 2학년 여름방학 때부터인가? 그간 서로 헤어져 지내던 석산 어머니께 내가 아버지 손에 이끌려 찾아간 석산마을은 전쟁이 끝난 뒤라서 조금은 낯설고 어설퍼 보였다. 그러나 방학 동안 외사촌, 그리고 마을 친구들과 어울려 냇가에 가서 물놀이도 하고 물고기도 잡으면서 어울려 지내니 하루하루가 너무도 재미있고 즐거운 나날이었다. 그리고 어머니께서 정성을 다하여 만들어주시는 음식들이 입맛에 맞아 하루하루가 이루 말할 수 없이 행복했다.

이 석산마을에서 어머니가 접지리로 이사 온 중학교 1학년 2월까지, 나는 여름방학이나 겨울방학이 되면 내내 그곳에 가 지냈다. 그러니 석산마을은 내게는 정말 꿈속에서도 잊을 수 없을 만큼 정이 듬뿍 들어버린 곳이니 내 마음속의 고향이 아닐 수 없다.

어느 해 여름방학 때로 기억된다. 친구들과 어울려 숨바꼭질 놀이를 하던 중에 작은외숙모댁 돌담에 기대어 숨어 있다가 돌담이 와르르 무너져버린 일이 있었다. 어머니께서는 그 소식을 듣고 한걸음에 달려오시어, 꾸중을 하시기보다 오히려 나를 끌어안으며

"네 몸 어디 다친 곳은 없느냐?"

라고 걱정하시던 모습이 지금도 눈에 선하다. 그날 어머니께서는 철없는 나 때문에 해 질 무렵까지 돌담을 쌓느라 땀 흘리며 고생을 하셔야만 했다. 그때를 생각하면, 지금도 어머니께 한없이 죄송하고 미안한 마음뿐이다.

외사촌, 그리고 친구들과 재미있게 지내다 보면 왜 그리도 방학 기간이 짧기만 하던지 늘 아쉽고 원망스럽기까지 했었다. 방학이 끝나기 전날, 그동안 정들었던 어머니와 석산마을을 떠나려면 그리도 싫고 아쉬운 마음 가득했다. 접지리로 돌아오는 도중 내내, 내장산 아래 석산마을을 바라보며 눈물을 훔치곤 했던 기억이 엊그제만 같다.

겨울철에는 어머니께서 해주시는 시래기 밥이며 무밥에 참기름, 고추장을 넣어 맛있게 비벼 먹던 기억이 아직도 생생하다. 이종사촌 회선 누나와 지내면서 깊은 밤 옛이야기에 취해 잠들곤 했다. 또 온통

세상이 눈으로 뒤덮여 우물이 있는 곳까지 갈 수가 없어 어머니께서는 마당에 쌓인 눈을 바가지로 퍼다가 솥에 가득 넣고 끓여 밥을 지으시고 세숫물도 준비해 주셨다. 이런 모든 일이 지금은 잊어버리고 싶지 않은 보물처럼 아련하고 아쉽게만 느껴진다.

지금도 눈이 내리고 바람이 강하게 부는 날이면, 나는 내 마음속의 고향 석산마을로 돌아간다. 차갑고 세찬 바람이 휘몰아치고, 눈이 사락사락 내리는 가운데, 동네 누렁이들이 짖어대던 내 마음속 깊은 곳에 자리한 그 고요의 바다, 석산마을을 향해 꿈길을 헤매곤 한다. 지금은 돌아가시어 뵈올 수 없는 어머니! 그 시절의 외사촌, 그리고 친구들과 즐겁게 지내던 그 순간들을 잊을 수가 없다. 아, 그리운 내 마음의 고향 석산마을!

가끔 나는 아내와 지금은 내장 리조트가 조성되고 있는 석산마을을 찾아간다. 그리고 육십여 년 전의 어머니가 사시던 집터며, 친구들이 살던 집과 돌담길을 그리워하며, 고향을 잃어버린 분들의 마음을 헤아려본다. 그러면서 나 자신을 향해

"이렇게 내 마음의 고향 석산마을을 찾아올 수 있고, 또 이곳을 그리워할 수 있으니 나는 얼마나 행복한 사람인가!"

하고 말하며, 내 마음을 위로하곤 한다. 아! 그리운 내 마음의 고향 석산마을.

(2016. 04. 29.)

기다림

텃밭에 채소나 그 밖의 작물을 재배하다 보면 많은 것을 배우고 깨우치게 된다. 상추나 갓, 무 등은 씨앗을 심으면 일주일이 채 되지 않아 싹이 나온다. 하지만 생강과 같은 작물은 심는 시기와 방법에 따라 싹이 나오는 시기가 아주 큰 차이가 난다.

처음 생강을 심었을 때다. 심은 지 1개월이 지나고 40여 일이 지나도 싹이 나오지 않았다. 그래서 아마도 생강 종자가 썩어버렸을 것이라고 포기하기에 이르렀다. 그런데, 그 뒤 2주쯤 지나니 싹이 나오는 게 아닌가. 참으로 많은 시간을 기다리고 기다린 뒤에야 싹이 나오니, 성미가 급한 나로서는 도저히 기다린다는 것이 큰 고역이 아닐 수가 없었다. 나중에 안 사실이지만, 싹을 미리 틔워서 종구를 심으면 40일 정도 되면 싹이 나오고, 또 5월 초순이 지나 따뜻한 시기에 심으면 싹이 나오는 기간이 조금 더 단축된다는 것도 알게 되었다.

이와 같이 작물에 따라서 싹이 나오는 시기가 다르고, 재배 기간도 다름을 미리 알고 있었더라면, 싹이 나오는 것을 좀 더 여유를 가지고 기다리며 지켜보았을 것이다. 그런데 그걸 몰랐으니 마음속으로 걱정을 하고 잘못되면 어쩌나 초조한 마음으로 싹이 나오기를 기다리고 또 기다렸던 것이다. 지금 생각해 보면 절로 웃음이 나온다. 그 뒤, 생강을 비롯해 여러 농작물을 재배하면서 비단 농작물만이 아니라 모든 삶에서도 성숙한 결과를 얻어내기 위해서는 기다리고 또 기다리는 것이 아주 중요하다는 사실을 새삼 깨닫게 되었다.

큰아들이 성숙해지기까지도 우리 부부는 많은 시간을 참고 기다리며 인내해야 했다. 처음에는 자신이 하는 일에 자신감이 부족했던지 힘들어했었다. 그런데 1년이 지나고, 2년, 3년이 지나다 보니까 자기가 하는 일에 자신감을 가지고 일을 하게 되었으며, 지금은 즐겁고 기쁜 마음으로 하루하루를 열심히 살아가고 있다. 참으로 그런 기다림이 우리의 삶을 여유롭게도 하고, 또 행복한 삶으로 이끌어 준다는 것을 깨닫게 되었다.

학교에 재직하던 시절, 학교생활에 적응하지 못하는 아이들에게 그들의 장점을 알려주며, 너희는 잘할 수 있다는 것을 이야기하며 기다렸다. 그 뒤, 아이들이 어느 사이 많이 달라진 모습을 보고 함께 기뻐했던 일들이 생각난다. 아이들의 잘못을 지적하고 탓하기에 앞서, 그 아이의 좋은 점을 이야기해주고 또 믿어주며 기다릴 때 아이들이 뜻밖의 새로운 모습으로 변화됨을 엿볼 수 있었다. 믿고 기다린다는 것이 아주 중요하다는 것을 절실히 느꼈던 순간이 아니었던가 싶다.

또 선생님들에게도 그분들의 능력을 인정해주고 신뢰하며 믿고 기다리면, 그분들도 나를 믿고 따라주었음을 기억한다. 그때, 비로소 우리는 행복함을 느낄 수 있었다. 물론 항상 그랬던 것만은 아니다. 때로는 기다리지 못하고 인내하지 못하며 지적하고 탓하다가, 그분들과 부딪힌 일도 없지 않았다. 그래서 서로 불편해하고 속상해하던 때도 많았다.

아직도 나에게는 결혼하지 않은 두 아들이 있다. 두 아들 모두 나이도 제법 든 편이라서, 지금 당장 결혼을 해도 늦지 않은 나이다. 그렇지만 아직은 결혼 준비가 되지 않아 결혼하지 못하고 있으니, 사실은 부모의 처지에서는 조급하고 답답한 마음 없지 않다. 그러나 농부가 한 해 농사일을 하며 가을철의 풍요로운 결실을 위해 땀 흘리며 기다리고 기다리듯, 우리 부부도 두 아이의 행복한 내일을 위하여 인내하며 기다릴 것이다.

두 아이는 자기 나름대로 내일을 위하여 최선을 다하고 있다고 생각하기 때문이다. 그사이 두 아이가 잘못한 부분도 없지 않아 있었다. 그렇지만 그러한 것들은 모두 지나간 일이고 현재가 중요하다는 생각이 든다. 그들이 지금 최선을 다하고 있으니, 분명 그들의 앞날은 밝아올 것으로 확신한다. 이제 조금만 기다리면 내일은 환하게 열릴 것이라 굳게 믿는다.

내가 젊었던 시절, 내일을 기대하며 조급한 마음으로 살아오던 삶의 태도가 나이가 든 지금은 많이도 달라져 있음을 느낀다. 그만큼 인생을 살다 보니, 많은 것을 배우고 깨달았기 때문이 아닌가 싶다. 때로는 여유로움이 생긴 때문일 수도 있고, 아니면 '그래서는 안 된다.'라는 경험을 터득한 때문일 수도 있다. 모든 것은 때가 있다. 그때가 될 때까지 여유를 가지고 기다리고, 또 기다리며 살도록 노력하면 어떨까 싶다.

(2016. 07. 22.)

영산포 상고에서의 교직 생활

1980년 5월 19일 초등학교에서 퇴직한 나는 영산포 상업고등학교에 수학교사로 부임하였다. 5 · 18 광주민주화운동이 일어난 직후라 내가 살고 있던 장성이나 광주, 영산포는 불안하고 혼란스러웠다. 나는 학교에 출근하기 위해서는 장성에서 광주 버스터미널까지 버스를 타고 가서, 다시 영산포로 가는 버스로 바꿔 타고 40분가량 가야만 했다.

고등학교에는 초임이라 학교생활에 적응하는 것이 쉬운 일이 아니었지만, 그보다 광주민주화운동에 학생들까지 참가해 학교 분위기가 좋지 않았다. 5월 20일, 퇴근하는데 학생들과 군인들이 대치 중이어서 광주 남구 백운동을 지나서 버스가 더는 터미널 쪽으로 진입할 수가 없다고 하여 내렸다. 그곳에서 택시를 타고 운암동 버스 승강장까지 온 후에 버스를 타고 장성까지 올 수 있었다. 택시기사의 말에 따르면 시내 곳곳에서 시민, 학생과 군인들이 대치하여 많은 사상자가 발생했다고 전한다. 매우 염려스러운 일들이 연이어 일어나고 있어 걱정되었다.

5월 22일, 광주와 타 시 군 간에 버스통행이 중단되었다고 하여 장성역에서 기차를 이용하여 송정리, 나주를 거쳐 영산포까지 가서 학교에 출근하였다. 그런데 학교에 나가니 광주지역에서 통근하는 교사들도 출근하였다. 그들은 송정리, 남평으로 나와 지역 버스와 기차를 이용하여 출근했다고 한다.

그리고 며칠 후 광주에 사는 교사들의 말에 따르면 금남로 시민군측 집결 장소에 나가보았는데 군과 충돌로 사망한 학생, 시민들의 시신들이 아주 많이 모여 있더라고 한다. 사태는 점점 더 심각한 상황으로 전개되고 있어서 매우 염려가 된다고 했다.

학교에서 나는 고등학교 1학년 5반을 담임으로 배정되었고 수업은 고등학교 1학년과 중학교 3학년을 담당하게 되었다. 담임을 맡게 된 아이 중에는 활달하고 명랑한 아이들도 있어서 나에게 무엇을 도와드릴까 얘기했다. 그런데 일부 아이들은 결석하거나 학교생활에 적응하지 못하고 집에서는 학교에 간다고 하고서는 중도에서 방황하는 아이들도 있으며 5 · 18민주화운동에 참여하고서 학교에 나오지 않는 아이도 있었다. 중고등학교에 부임하여 교과 지도에 전념하기도 바쁜데 학교생활에 적응하지 못하는 학생들을 지도해야 하니 참으로 어려움이 한둘이 아니었다.

장성에서 영산포까지 기차로 며칠 동안 출퇴근을 하였다. 그러던 중에 5월 27일에는 숙직을 하느라 학교에서 지내게 되었는데 다음 날 아침 나주 시내 쪽에서 총소리가 몇 분 간격으로 울렸다. 이곳까지도

시민, 학생 군과 군경이 대치하는가 보다 생각하였는데 나중에 알고 보니 시민, 학생 군이 파출소에서 총기를 탈취하면서 일어난 일이었다.

이렇게 심각한 상황 속에서도 학교에서는 정상적인 교육을 운영하고 있었다. 그것은 지도자인 교장 선생님의 리더십 때문이 아니었던가 생각된다. 몇 년 후에 광주대학교 총장으로 가신 이재원 교장 선생님께서는 교직원들에게 이런 상황일수록 정상적인 학교 운영을 위하여 선생님들이 더 많은 노력을 해야 한다고 강조하시면서 스스로 근무에 모범을 보이셨다. 그리고 학생들에게도 학생 조회를 통하여 학생으로서의 본분을 지킬 것을 강조하셨다. 또 그 당시, 나중에 국회의원을 역임하신 광주 인성학원과 영산포 상고의 김인곤 재단 이사장님께서도 가끔 학교에 나오시어 학교가 안정을 찾도록 많은 격려와 지도를 해주셨다. 국가나 사회나 지도자의 리더십이 얼마나 중요한가를 깊이 깨닫는 좋은 기회가 아니었던가 싶다.

고등학교 수업시간에는 아이들의 수준차가 심하여 중간 정도 수준에 맞는 수업지도를 하였다. 대체로 아이들의 수업에 대한 참여도는 좋은 편이었다. 그런데 중학교 3학년 학생들은 학급당 우수한 학생들이 칠팔 명 정도가 되어 학업에 대한 열의가 많아 수업준비를 철저히 해야만 했다. 간혹 질문을 받게 되면 경험이 미숙한 관계로 때로는 그 자리에서 직접 답하기 어려운 문제도 있었다. 그러니 사전에 철저히 수업준비를 해야만 했다. 특히 교과가 기하 부문 위주로 되어 있어서 사전준비를 위해 더 많은 땀을 흘려야만 했다. 그렇지만 또 아이들이 열심히 공부하고 경쟁하니 그 보람 또한 컸다.

한 가지 잊을 수 없는 것은 내가 담임한 세연이란 아이가 파출소 습격 사건에 참여해 삼청교육대에 입소하게 된 일이다. 당시 담임으로서 어떤 역할도 할 수 없었고 다만 지켜만 볼 수밖에 없었던 것이 참으로 안타까웠다.

중등학교에서의 초임지라고 할 수 있는 영산포 상업고등학교에서의 생활은 다음 해 2월 말 퇴임함으로써 끝이 났다. 중등학교에서 근무하게 되어 나름대로 큰 꿈이 있었는데, 5 · 18민주화운동으로 혼란스러웠던 과정에서 열심히 노력은 한다고 했지만 미숙했고, 어설펐던 부분만 기억된다.

그러나 지금도 가끔은 그때의 활달하고 적극적이었던 아이들과 리더로서 모범을 보여주셨던 훌륭한 교장 선생님, 그리고 자상하고 친절했던 선생님들을 잊을 수가 없다.

(2016. 06. 30.)

교직 생활에서 지우고 싶은 이야기

—부끄러운 이야기

40여 년이란 결코 짧지 않은 세월을 교직에 몸담을 수 있었던 것은 내게는 실로 큰 영광이 아닐 수 없다. 그동안 나는 아이들을 가르치는 일에 충실하고자 노력해왔다. 그런데 과연 교사로서 부족한 부분은 없었을까? 지금 곰곰 생각해 보면 부족하고 부끄러운 부분이 아주 많았다는 생각이 든다.

1980년 5월 광주 민주화운동이 일어났을 무렵, 나는 작은 처남 친구인 은행표 선생님의 소개로 나주 영산포 상업고등학교에 근무하게 되었다. 그래서 나는 장성에서 광주를 거쳐 영산포까지 버스로 출퇴근을 했다. 5월 20일 무렵으로 기억되는데, 학교에서 나와 버스를 타고 광주로 들어서는데 기사가 터미널까지 갈 수가 없으니 백운동 로터리에서 모두 내리라고 하였다. 나는 장성으로 가는 버스를 타려고 운암동 간이정류장으로 가기 위해 택시를 탔다. 택시 기사 말에 의하면, 오늘 계엄군과 대학생들이 서로 대치하면서 군의 발포로 여러 명의 사망자와 부상자가 발생하였다고 했다.

그러나 집에 도착하여 저녁 뉴스를 보았지만, 보도가 통제되어서인지 뉴스의 내용은 평소와 다를 바가 없었다. 부처님 오신 날인 21일 하루를 쉬고 22일 출근을 하려고 했으나, 광주방면으로 가는 버스는 통행이 중단되었단다. 그래서 별수 없이 영산포까지 기차를 타고 학교에 출근했다. 광주에서 출퇴근을 하시는 선생님 중 일부도 출근이 늦었다. 그분들에 따르면 광주의 상황이 아주 심각하게 돌아가고 있다고 했다.

수업 분위기가 어수선하고 불안과 초조가 교실을 짓눌렀다. 그 뒤, 학생들이 결석을 하고, 지각을 하거나, 심지어는 등교 도중 이탈하여 산에서 놀고 있는 아이들까지 나왔다. 우리 반도 예외가 아니었다. 학급 반장과 함께 아이가 놀고 있다는 곳으로 가 찾아보았으나 허사였다. 물론 아이들의 마음을 이해는 하지만 바로 잡아주어야 했다.

사회 분위기가 어수선하니, 아이들도 학교생활에 적응하지 못하거나 불안한 행동을 하고, 또 빗나간 행동을 하다가 선생님의 주의를 듣거나 벌을 받는 일들이 반복되었다. 심지어 어떤 선생님은 뺨을 때리고 매로 체벌을 가했다. 그런데 당시 나는 선생님들의 그러한 지도가 전혀 잘못되었다고 생각하질 못했다. 나도 체벌을 가했고, 선생님들처럼 그런 지도가 필요하다고 생각했다. 그곳에서 1년을 근무하고 가정 사정으로 정읍 호남고등학교로 자리를 옮겼다.

부임 첫해에는 2학년을 담임했고, 다음 해에는 3학년 담임을 맡게 되었다. 고등학교에서 3학년을 담임하게 되면 대학 진학 결과로 담임의 능력을 평가한다. 그러기 때문에 선생님들은 학기 초부터 긴장하며 1년 동안 혼신을 다해 학생들을 지도하겠다는 각오를 다진다. 그리고 담임들 사이에서는 성적을 끌어올리기 위한 보이지 않는 경쟁이 불붙었다.

아침 7시 30분 이전에 출근하여 저녁 11시까지 수업지도와 야간 자율학습지도에 매달려야 했다. 학년 초부터 긴장한 가운데 충실하다 보니 시간이 흐를수록 선생님들이나 학생들은 점점 힘에 겨워 지치게 되었다. 4월이 지나고 5월 중간고사가 끝나고 체육대회를 마친 뒤부터 서서히 규정된 생활에서 이탈하는 학생들이 하나둘 고개를 내밀기 시작했다. 이때 담임이 그런 아이들과 대화로 지도하거나 아니면 가벼운 벌로 지도하게 되면 오히려 이탈자는 크게 증가했다. 그래서 선생님들은 처음부터 강한 처방전을 내밀었다. 오직 잘못된 싹은 초기에 잘라 내버리겠다는 생각으로 보기에도 무서울 정도로 고통스러운 체벌을 가하였다. 그 당시만 해도 아이들 개개인의 인권 같은 것에는 전혀 관심을 두지 않았다. 오직 학급의 면학 분위기 조성에만 관심을 둘 뿐이었다.

지금 되돌아보면 '그 아이들이 얼마나 많은 상처를 받고 힘이 들었을까?'라는 생각으로 마음이 무거워진다. 아무리 그 당시의 학교의 분위기가 그런 잘못을 용인한다 할지라도 그래서는 안 되는 일이었다. 이런 막무가내식 지도가 견디기 어려웠던지 아이들은 결국 다른 방법을 통하여 그 돌파구를 찾았다.

야간 자율학습시간에 정전사고를 일으킨 것이다. 전봇대 위에서 전기선이 끊긴 정전사고라서 야간 자율학습은 중단되고 아이들은 집으로 돌아갔다. 처음에는 '전기용량이 초과돼 일어난 정전사고일 것'이라고 생각하였다. 그런데 그 뒤에도 정전사고가 자주 발생하였다. 한전에서 나온 직원의 말에 따르면, 문제는 학교 담 옆에 있는 전봇대에서 전기선이 끊기고 있는데, 정전된 이유가 명확하지 않다는 것이었다. 아무래도 인위적인 것 같다고 말하였다. 그때부터 학생지도부서 선생님들이 야간 잠복근무를 하기 시작했다.

그런 뒤 며칠이 지나자 또 정전사고가 났다. 전봇대 주위를 감시하고 있던 선생님이 전선을 끊고 달아나는 아이를 붙잡았다. 그런데 그 아이가 바로 내가 담임을 맡고 있는 우리 반 아무개였다. 그 아이의 집에 가 보니, 책상 서랍 속에는 전기 작업을 할 때 사용하는 도구들이 가득 들어 있었다. 그 애는 평소 학급에서 공부도 열심히 하고, 학급 일에 적극 참여하는 아이였다. 결국, 학교에서는 학생 징계 문제로 교직원 회의가 열렸고, 그 아이를 퇴학시키기로 결론을 내렸다. 담임인 나는 그 아이를 위하여 한마디 도움을 주는 이야기를 하지 못하고 고개를 숙여야만 했다. 참으로 부끄럽고 가슴이 아팠다.

담임으로서 아이들을 진학시키기 위하여 학급을 장악하고, 또 학습 분위기를 바로 잡아주는 일이 최선이라고 믿었던 내 생각은 여지없이 무너지고 말았다. 아이들에게 칭찬과 격려, 그리고 대화를 통한 지도보다는 '내 손아귀에 아이들을 쥐고 확실히 장악하고야 말겠다.'라는 어설픈 교육방법이 이런 참사를 불러오고야 말았다. 그래서 아이들은 그런 행동을 통해 자율학습이란 닫힌 공간에서 탈출을 시도했고, 다른 아이들은 그 뜻에 동조하거나 묵과했던 것이었다. 이러한 사고로 나는 한동안 부끄럽고 마음이 아파 밤잠을 이룰 수가 없었다. 그래서 교무실이나 교실에서도 고개를 숙이고 다녀야만 했다.

한편으로는 억울한 마음도 없지 않았다. 사실 다른 선생님들보다 내가 더 심하게 아이들을 체벌했던 것도 아니었다. 그렇지만 내가 아이들을 체벌한 것이 사실이었고, 사후 지도를 잘못한 것도 그 원인 중의 하나임이 틀림없었다.

그 뒤 한동안은 힘들었지만, 나 자신 많은 반성을 하면서 아이들에게 더욱 애정을 가지고 최선을 다하려고 노력하였다. 시간이 흐르면서 가끔 그 당시 아이들의 마음을 헤아려보고 깨우치면서, 아이들 지도에 참고하고자 적지 않은 노력을 했다. 그 결과, 다행히도 무사히 교직 생활을 마무리할 수 있었던 것 같다. 지금도 그때를 생각하면 '교직 생활을 하는 동안 아이들에게 많은 가르침을 주기보다 오히려 부끄러운 스승으로 기억되지 않았을까?' 하는 두려운 마음이 앞서곤 한다.

(2017. 08. 19.)

부주의로 일어난 운전사고

—부끄러운 이야기

요즈음 저녁 8시 20분경에 시작하는 일일연속극에 푹 빠져 지내고 있다. 가난한 쌍둥이 남매가 어머니를 모시고 나름대로 최선을 다하며 살아가고 있다. 그런데 남자 주인공이 부잣집 처녀와 사귀다가 여자의 가족들이 가난하다는 이유로 반대하자 그만 헤어졌다. 거기에다 불행히도 승용차로 지방에 출장을 다녀오다가 졸음으로 고급 외제 차와 부딪히는 사고를 당하고 만다. 상대방 차의 보닛이 망가졌는데, 수리비가 1억 4천만 원이란다. 잘 해결되었으면 좋겠는데 참으로 걱정이 된다. 주인공이 고통을 겪는 모습을 보면서, 운전하게 된 지 얼마 되지 않던 시절 부주의로 일어났던 내 자동차 사고가 떠올랐다.

내가 자전거를 탄 지 몇 년 되지 않아, 직장 동료들은 오토바이 붐이 일자 하나, 둘 오토바이로 바꾸어 타기 시작하였다. 그런데도 나는 버스로 출퇴근을 하면서 오토바이에는 관심을 두지 않았다. 몇 년이 지난 1980년대 중반이 되자, 이번에는 동료들이 하나, 둘 자동차 운전면허를 따더니 자가용 승용차를 타기 시작하였다. 나는 어쩌다 시외로 나갈 일이 있으면 동료들의 승용차를 얻어 타야만 했다.

명절 때마다, 많은 사람이 자가용을 이용하여 성묘를 다니는데, 우리 가족들은 먼 길을 걸어서 다니려니 참으로 힘이 들고 고단했다. 한 번은 친구인 석수에게 염치 불고하고 자동차 운전을 부탁하여 성묘를 다녀온 일도 있었다. 하지만 석수에게 아주 미안했다. 나도 이제 자가용 승용차를 사야겠다는 생각이 들었다. 지금부터라도 연로하신 부모님을 모시고 유람도 시켜드리고, 가족들과 여행도 하면서 재미있게 살아야겠다는 생각을 하게 되었다.

서울 올림픽이 열리던 1988년 여름방학 때, 직장 동료들과 운전학원에 등록한 뒤 운전면허를 받기 위하여 많은 땀을 흘렸다. 그 당시만 하더라도 자동차 운전을 배우려고 많은 사람이 운전학원에 몰려들었다. 한 번 실기시험에서 떨어진 뒤 운전면허시험에 합격했다. 당시 두세 번 만에 면허시험을 통과하는 것이 보통이었고, 심지어 어떤 사람은 열 번 만에 면허를 딴 사람도 있었다.

나는 운전면허를 취득한 뒤 2년이 지난 1991년 초에, 승용차를 사 자가용 운전자가 되었다. 내가 처음에 산 차는 대우자동차에서 생산한 청록색 에스페로였다. 친구 이명로 선생에게 부탁하여 몇 차례 도로 주행 연습을 하였다. 운전 연습을 하도록 친절하게 도와준 그 친구가 너무도 고마웠다. 몇 번의 실전 연습을 마친 뒤에 자가용 운전을 시작하였다. 일주일쯤 지나자 불안했던 마음은 이내 사라지고, 운전하는 재미가 솔솔 붙기 시작하였다. 시골에서 농사나 짓고 삼간 양옥집을 지어 살겠다던 소박한 꿈을 가졌던 내가, 자가용 승용차를 타고 이곳저곳을 마음대로 다닐 수 있다니, 생각만 해도 꿈만 같았다. 물론 한동안 좁은 골목길을 다니느라 끙끙거리기도 하고 주차하려면 애를 먹었다.

새 학기로 정신없이 바쁜 3월이 지나고 조금은 여유로운 4월이 되었다. 이제 제법 운전에 대한 자신감이 붙었다. 4월 마지막 주 토요일, 맹물회 모임이 있어서 고창에서 선운사로 가는 길목에 있는 냇가로 천렵을 가기로 하였다. 정읍, 고창 간 도로를 살랑 불어오는 봄바람을 맞으며 친구들을 싣고 신나게 달렸다. 다시 고창에서 선운사 방향으로 한참을 달리니, 우리가 놀기로 한 냇가가 나왔다. 차 안에서 바라보니, 차가 도로에서 하천으로 쉽게 내려갈 수 있을 것 같았다. 그래서 가벼운 마음으로 하천으로 내려갔다. 냇가에서 한동안 친구들과 대화도 나누고, 물고기도 잡으며 즐겁게 시간을 보냈다.

시간이 되어 승용차를 타고 도로 위쪽으로 올라오려는데, 아무리 액셀을 밟아도 올라가질 않는다. 차 안에 있던 친구들이 차에서 내려 밖에서 온 힘을 다해 밀어도, 도저히 도로 위로 올라설 수가 없다. 할 수 없이 기어를 후진으로 놓고 뒤로 물러서서 다시 올라가야겠다고 생각했다. 후진기어를 놓은 뒤, 액셀을 힘껏 밟으니 차는 뒤쪽으로 재빠르게 내려가 냇물 속으로 처박히고 말았다. 친구들은 재빨리 자동차를 피해 달아났고, 경사가 완만하고 내가 깊지 않아 나도 다치지 않은 것이 그나마 다행이었다. 그렇지 않았으면 대형사고가 날 뻔했다.

차가 물에 잠긴 상태에서 나는 하천 밖으로 나가야겠다는 생각으로 액셀을 자꾸 밟았다. 그 결과 자동차 엔진 내부에 물이 들어가고, 마침내 시동도 꺼지고 말았다. 결국, 나는 승용차를 그대로 놓아둔 채 밖으로 나올 수밖에 없었다. 냇물 속에 잠겨있는 자동차를 우리 힘으로는 도저히 꺼낼 수가 없어서, 정읍에 있는 자동차 공업사에 연락해 차를 꺼낸 뒤에 수리를 맡겼다.

그런 뒤에 허탈한 마음으로 집으로 돌아와 아내에게 모든 것을 이야기했다. 아내는 먼저 몸이 다치지 않아 천만다행이라며 위로의 말을 잊지 않았다. 그런 아내가 참으로 고마웠다. 그리고 오늘의 사고가 이만한 것이 주님께서 도와주셨기 때문이란 생각이 들어 감사의 기도를 드렸다.

그리고 오늘의 사고 원인을 곰곰 생각해보았다. 첫째는, 나 자신이 너무 경솔하게 행동한 점이었다. 도로 주변 안전한 곳에 주차했으면 아무런 문제가 없었을 텐데, 서툰 운전능력으로 도로 아래 하천으로 내려가 주차한 것은 참으로 경솔한 짓이었다. 둘째로, 자동차 운전 방법을 제대로 숙지하는 데 소홀히 하였던 점이었다. 저단 기어를 사용해야 하는 경우를 숙지하지 못한 점이 가장 큰 원인이었다. 하마터면 인명사고까지 부를 수도 있었다. 그리고 나 자신도 크게 다칠 뻔했다. 마지막으로, 어려운 상황에서 침착하지 못하고 너무 당황하게 행동한 점이었다. 이렇게 여러 가지 부주의한 행위로 인해 자동차 사고가 났음을 알고 나는 크게 반성하였다.

이 같은 잘못으로 많은 경비를 들여 자동차를 수리하였다. 그러나 자동차의 엔진에 물이 들어간 상태에서 수리를 하였으므로 그 뒤에도 운전하면서 차에 자주 문제가 발생하여 많은 어려움을 겪었다. 도저히 이대로는 안 되겠다 싶어 광주 대우자동차 정비센터에 다시 차 정비를 맡길 수밖에 없었다. 재수리를 한 뒤 운전을 하는 데 어려움은 사라졌으나, 이젠 에어컨에 문제가 발생하여 또다시 수리를 의뢰하는 등 많은 어려움이 뒤따랐다.

나는 생애 처음으로 새 차를 사 부모님 모시고 다니며 효도도 하고, 가족들과 여행도 하며 행복한 삶을 나누려던 생각을 했었다. 그런데 승용차 운전을 시작한 지 채 4개월도 되지 않아 그런 꿈이 사라져 버린 것만 같아 참으로 괴롭고 안타까웠다. 부끄러운 이야기지만, 내가 지금까지 살면서 이처럼 큰 깨우침을 얻은 경우도 많지 않았던 것 같다. 이 일을 소중한 경험으로 간직하며 다시는 그런 사고가 나지 않도록 유의하며 살아가야겠다.

(2017. 8. 16.)

제5부

시인이며 교육자로서 사신 楚南 祖父님

학자이며 시인이셨던 나의 조부님高憲鎭은 자는 경장敬章이요, 호는 석운石雲, 뒤에 초남楚南으로, 고종 9년인 1872년 고창군 성내면 옥제리에서 출생하셨다. 어려서부터 재주가 뛰어났으나 집이 가난했기 때문에 학구에 전념하지 못했다. 그러나 자성일가自成一家하여 만년에는 특히 시문에 두각을 드러내셨다.

가세가 빈한했지만, 중부(玉山, 高時鶴)와 계부(中齋, 高時亮)가 시인이셨고, 외숙(東靑, 李說雨)도 천재 시인으로 이름을 날린 분이어서 아마 글 쓰는 재능은 타고나셨던 듯하다. ≪초남시집楚南詩集≫을 역주譯註한 유재영 박사는 조부님께서 어려서는 중부仲父와 계부季父 밑에서, 뒤에 면

---

1) 초남楚南: 조부님께서 정읍 초산의 남쪽인 농산(지금의 진산동 또는 넝매)으로 이사하신 뒤 지은 호로 문우들은 초남거사(초나라 남쪽의 큰선비)라고도 부름.
2) 자성일가自成一家: 자기 혼자의 힘으로 어떤 재주나 기술에 통달해 독자적인 경지나 체 계를 이룸.
3) 역주譯註: 1) 번역한 사람이 붙인 주석, 2) 번역과 주석을 아울러 이르는 말.
4) 중부仲父: 아버지의 형제 중에서 둘째인 사람.
5) 계부季父: 아버지의 막내아우.
6) 의발衣鉢: 스승이 제자에게 전해 주는 불교의 교법이나 오의를 비유적으로 이르는 말.
7) 문하門下: 1) 가르침을 받는 스승의 아래 2) 어떤 스승의 아래에서 배우는 제자.
8) 정읍 농산井邑 農山: 지금의 정읍 진산동으로 넝매(농뫼–넝매) 마을을 말함.

암崔益鉉의 의발衣鉢을 받은 수남高石鎭의 문하門下에서 수학하며 학문을 연마한 것으로 보았다.

그런데 불행히도 18세 되던 해에, 조부님은 2월부터 6월까지 불과 4개월 사이에 부친, 형, 그리고 모친 세 분이 저세상으로 떠나시는 큰 슬픔을 겪으셨다. 이때부터 남은 가족의 생계를 조부님께서 책임져야만 하셨다. 그래서 초기에는 서당 훈장을 하시는 계부님을 도와드리다가 접장과 훈장 생활을 하시었다. 1926년 정읍 농산(農山, 지금의 진산동)으로 이거 하기 전까지 각처로 옮겨 다니며 훈장 생활을 하셨던 듯하다. 하지만 농산으로 이사한 뒤에는 집에서도 훈장 생활을 하셨던 것 같다.

한일합방이라는 미명 아래 국운이 강탈당하자, 조부님께서는 계부님을 모시고 멀리 산속으로 또는 바닷가나 섬으로 유랑생활을 하셨던 듯하다. 서해 바닷가를 여러 번 찾았고, 진도를 거쳐 관매도까지 간 것은, 아마도 망명길을 찾았거나 은거할 생각으로 그리하신 듯하다. 또 속리산에 들어가 법주사를 비롯하여 여러 말사를 돌아다닌 것도 단순히 관광만을 위한 것은 아닌 듯 보인다. 조부님께서 지으신 시중 아래의 시를 보면, 당시의 착잡한 마음이 헤아려진다.

一條 正路微 回首 我安歸 (일조 정로미 회수 아안귀)
人事 有憂樂 天公 無是非 (인사 유우락 천공 무시비)
(觀梅島和諸益 其八)

한 가닥 바른길 희미해 보이니/ 머리 돌려 나 어디로 가야 할거나
사람 사는 데 근심과 즐거움 있거늘/ 하늘의 일 옳고 그름 헤아릴 길 없구나.

위 시는 인적이 드문 머나먼 관매도를 찾아가 지은 여덟 편의 시 가운데 하나다. 시원하게 뚫린 푸른 바다를 바라보면서도, 하늘마저도 기댈 수 없으리만큼 세상이 답답하고, 그 어느 곳도 의지할 데가 없어 외로워하시는 마음이 그대로 드러나 있다. 나라 잃은 슬픔을 그 어디에도 하소연할 수가 없어 답답해하시는 조부님의 마음을 조금이나마 알 것 같아 안타깝다.

하지만 조부님께서는 절망만 하지 않으시고 교육자로서 젊은이들에게 꿈을 가지고 살 것을 가르치셨다. 그중 한 편의 시를 소개해본다.

敬守此心 外慮灰 學由誠實 豈由才 (경수차심 외려회 학유성실 개유재)
不忮不求 做將去 昭明境界 自然開 (부지불구 주장거 소명경계 자연개)

上戴玄玄 下履黃 有爲安得 彼天荒 (상대현현 하이황 유위안득 피천황)
主一工夫 無間斷 廣居坦道 大開張 (주일공부 무간단 광거탄도 대개장)
(讀書自警-독서하며 스스로 깨우치다)

공경하여 이 마음 지키면 바깥 근심 사라지리니/ 학문이 성실로 말미암지 어찌 재주이런가/ 욕심내지도 구하지도 말고 꾸준히 해나간다면/ 밝은 경계가 자연히 열리리라.

위로 하늘을 이고 아래로 땅을 밟고서/ 하는 일 어찌 전대미문의 일 이루리
한마음으로 집중하여 꾸준히 공부하면/ 고대광실 탄탄대로 크게 열리리라

위와 같이 조부님은 제자들에게 희망을 두고 한마음으로 집중하여 꾸준히 노력하면 자연히 큰 뜻을 이룰 수 있으니, 땀 흘려 노력하며 살아갈 것을 가르치셨다.

내가 아직 철이 들지 않았던 다섯 살 때쯤의 일이다. 조부님께서 83세를 일기로 별세하셨다. 입관한 뒤에, 어머니께서 조부님이 모셔진 방으로 나를 데리고 가 인사를 드리도록 하셨다. 그런데 철이 없던 나는 조부님을 모신 관을 가리키며 "저건, 토끼장 아니야?"라고 말하더란다. 어머님 말씀을 전해 듣는 순간 애통한 마음으로 자리하고 있던 좌중은 웃음바다가 되어 버렸다고 한다. 아무리 보아도 토끼장처럼 보이지는 않는데 말이다.

아버지께서 나이 마흔에 나를 두셨으니, 애타게 기다리다가 태어난 손자라서 조부님께서도 무척 귀하게 여기셨단다. 그런데 내게는 조부님에 대한 기억이 전혀 없으니 안타까울 뿐이다. 하지만 후손들에게 좋은 글을 남겨주셨으니, 이를 통해 그분의 사상과 가르침을 갈고 닦아 부끄럽지 않은 삶을 살도록 더욱 힘써야겠다.

(2018. 08. 01.)

무뚝뚝하셨던 할머니

내가 초등학교에 다니던 어린 시절의 이야기다. 그때만 해도 머리를 깎으려면 동네 이발사에게 철 따라 보리 수확 시기에 보리 한 말, 가을 벼를 수확해 벼 한 말씩 이발료를 내고 가족 모두의 이발을 맡겼다. 나와 동생은 머리가 자라면, 우리 마을에서 오리정도 떨어진 큰집이 있는 넝매로 가 이발을 해야만 하니 매우 불편했다. 하지만 어쩔 수 없이 나와 동생은 철길 아래 논두렁길을 따라 그곳에 가서 이발을 했다. 그리고 아버지 말씀에 따라 이발을 한 뒤에는 반드시 큰집에 들러 할머니께 인사를 드리고 돌아와야만 했다. 그 당시 할머니는 팔십이 훨씬 넘은 꼬부랑 노인으로 주로 방안에 기거하셨다.

아버지 나이 사십을 넘겨 태어난 나와 동생은, 우리 집에서는 아주 귀한 자식들이었다. 석산 어머니께서 아버지와 결혼을 하시어 자녀를 출산하지 못하자, 우리 어머니가 오시어 자녀들을 낳았으니 얼마나 귀한 아이들이었겠는가?

그런데도 아버지는 이발은 큰집이 있는 넝매까지 가서 하도록 하셨

다. 그래서 우리는 그곳에 가 이발을 한 뒤에 큰집에 들러 할머니를 찾아뵙고서

"할머니! 안녕하세요? 접지리 저희 왔습니다."

라고 인사를 드렸다. 그러면 반갑게 맞아주시기는커녕

"접지리 놈들 어서 가거라. 해 지기 전에 어서 가."

라고 고함치며 방에 들어서기가 바쁘게 내쫓으셨다. 그러니 우리는 할머니가 그리도 매차고 서운하게만 느껴졌다. 그래서 집으로 돌아오는 길에

"할머니는 왜 우리를 저리도 미워하실까?"

라고 서운해 하며 동생과 함께 집으로 돌아오곤 하였다.

석산 어머니는 어느 때인가 나에게

"할머니께서 식사 때면 반찬 투정을 하시고 까다로우셔서 큰어머니께서도 모시기가 매우 힘들어 하신단다."

라고 말씀하셨다. 그때만 해도 대부분 보리와 적은 양의 쌀로 밥을 지어 어른과 사내아이들에게만 특별히 쌀이 반쯤 섞인 밥을 먼저 퍼서 차려주고, 나머지는 보리밥으로 끼니를 때우던 어려운 시절이었다. 그런데도, 할머니께서는 특별히 진밥을 마다하셔서 식사 준비하기가 참 어려웠다고 한다. 또 반찬은 조기를 화롯불에 바짝 구워서 가시를 발라낸 뒤에 드려야 했다고 하니, 큰어머니께서 참으로 고생이 많으셨을 것 같았다.

나중에 안 사실이지만, 할머니는 일찍 조실부모하고 또 형님까지

떠나보낸 가운데 서당 훈장을 돕다가 글재주가 있으셔 훈장으로 어렵게 생계를 꾸려나가는 할아버지께 시집오셨다. 그렇게 빈한한 가정으로 시집와 육 남매를 낳아 기르고 먹여 살리느라 이루 말할 수 없이 고생을 하셨다고 한다.

젊은 시절, 자주 끼니를 거르다시피 하며 죽으로 겨우 입에 풀칠할 정도로 어렵게 사셨다고 한다. 그러니, 삶이 얼마나 고달프고 팍팍하셨을까? 아마도 그래서 자식들이 많은 노력을 다하여 이 정도면 살만하다고 생각되는 늘그막에 고생이 많았던 시절을 못잊어 하며 그렇게 음식 투정도 하시고 까다롭게 하시지 않았나 생각된다.

할아버지께서는 서당 훈장이며 시인이셨다. 한 시 짓기를 즐기시고 술도 좋아하시며, 가끔 유람도 하시며 사셨던 것 같다. 사촌 형님께서 할아버지 문집을 모아 시집을 출간했는데, 할아버지의 시제를 살펴보면, 여러 지역을 유람하면서 시도 지으시고, 술도 즐기며 사셨던 분이었음을 알 수가 있다. 그러니 할머니의 삶이 할아버지의 유랑생활에 비례해서 얼마나 고단한 삶이셨을까 지레짐작이 간다. 그래서인지 아버지 형제분들 중에는 제대로 글을 배우신 분이 막둥이 작은아버지 한 분뿐이셨다.

얼마나 힘이 드셨으면 육 남매 중 다섯 자녀를 모두 일만 시키셨을까? 그렇게 맏이인 큰아들부터 모두 일을 시키신 결과 노년에는 밥을 굶지 않을 정도로 살게 되고, 또 손주들을 가르칠 수 있었으니, 우리 아버지 형제들만 불행한 세대였던 것 같다.

나이 들어 곰곰 생각해 보면, 할머니께서 음식 투정으로 큰며느리를 고생시키시고 또 우리가 서운함을 느끼도록 하셨던 것도 모두 이유가 있는 행동이요, 사랑이었음을 깨닫는다. 젊은 시절에 죽으로 입에 풀칠할 만큼 고생하셨던 당시의 고통을 생각하면서, 진기가 많은 밥을 보면 싫으시어 음식 투정을 하셨고, 또 귀한 손자들이 '밤늦게 집으로 돌아가다가 사고라도 나면 어떨까?' 하는 염려 때문에, 그렇게 쌀쌀맞게 내쫓으셨다는 것을….

할머니께서는 고단한 삶을 이겨내기 위해서는 강인한 정신과 의지만이 필요하다는 것을 아시고 그렇게 사신 것 같다. 그러다 보니, 손자들에 대한 사랑의 표현도 그리 호통을 치시며 퉁명스럽고 무뚝뚝하게만 대하셨지 않나 싶다. 오늘따라 그렇게 호통을 치시며 무뚝뚝하셨던 할머니의 모습이 그리워진다.

(2016. 4. 20.)

고마운 나의 어머니

내가 이 세상에 존재할 수 있는 것은 나의 어머니가 그동안 수많은 고통을 감내해가며 어려운 가시밭길을 걸어오셨기 때문이 아닌가 생각한다. 어머니는 외할아버지께서 팔자가 세니 재취로 시집을 가야 한다고 하시어, 나이 열일곱에 홀아비에게 시집을 가셨다. 그런데 남편은 강제노역으로 일본에 끌려갔다 온 분이었다. 그분은 일본에서 탄광에 배치되어 일하다가 갱도가 무너지는 사고로 겨우 목숨을 건져 돌아와 병마와 싸우고 있던 중이었다. 결혼한 뒤, 곧바로 아들을 낳았으나 얼마 되지 않아 남편은 건강이 악화되어 세상을 떠났다. 어머니에게는 청천벽력과도 같은 일이 벌어진 것이다. 남편을 잃은 슬픔 속에서 하루하루가 고통스럽고 절망적인 삶이었을 것이다. 시부모님들도 그런 며느리가 안타까웠던지 당분간 친정으로 가서 지낼 것을 권유했다.

친정에서도 슬픈 마음이 가시지 않아 나날을 신세 한탄하면서 지내던 중에, 시댁에서 어린아이는 맡아 기를 테니 시댁을 떠나라고 했단다. 남편을 잃은 어머니는 한순간에 아이마저도 빼앗기는 신세가 되어 버렸다. 그 슬픔은 이루 말할 수 없이 커서 한동안 식음을 전폐하였다고 한다. 친정 부모님과 동생이 곁에서 위로해 주고 도와주어 그나마 삶을 지탱할 수 있었다. 그렇지만 어머니에게는 참으로 고통스럽고 힘든 세월이었다.

그렇게 고통스러운 나날을 보내며 신세 한탄을 하던 어느 날, 어머니에게 새로운 혼처가 나타났다. 나이가 30대 후반에 이르도록 자녀를 두지 못한 신랑감이 있으니 재혼을 하라고 권유했다. 그렇게 해서 만나게 된 분이 바로 우리 아버지다. 아버지는 20대 초에 결혼하여 20여 년 가까이 되도록 자녀를 두지 못해, 부모님을 비롯하여 온 집안이 많은 걱정을 하고 있었다. 살림은 그다지 어렵지 않았으나 자녀를 두지 못하니, 자나 깨나 집안에는 항상 수심이 그득했다. 그래서 새로 아내를 맞이하여 자녀를 얻으려고 이곳저곳에 마땅한 혼처를 찾고 있던 중이었다.

마침 이웃에 사는 분의 중매를 통하여 두 분이 만나게 되었다. 물론 처음에는 부인과는 사별했다고 하였단다. 그래서 어머니께서는 서글픈 과거를 가슴에 묻어두고 새 출발하려고 아버지와 새로운 삶을 살기로 작정하셨다. 두 분이 만난 지 채 두 달도 지나지 않아 어머니는 임신을 하게 되었고 그렇게 해서 태어난 사내아이가 바로 나란다. 내가 태어나자 집안에서는 조부모님을 비롯하여 온 집안이 기뻐하며 축복해주었다고 한다.

그런데 어머니께서 행복한 마음으로 나날을 보내던 중 본처인 석산 어머니의 존재를 알게 되었다. 그때부터 가정에서는 적지 않은 갈등이 시작되었다. 그렇지만 시간이 흐르면서 어머니는 큰아들인 나를 자녀를 두지 못한 석산 어머니와 함께 할 수 있도록 마음의 문을 여셨다. 이는 '어머니의 아들에 대한 깊은 사랑이 있었기에 가능한 일이 아니었을까?'라는 생각이 든다. 어머니께서는 그 뒤에 연이어 남동생을 포함하여 8남매의 자녀를 낳았고, 기르느라 고생을 많이도 하셨다. 우리 남매 중에 불행하게도 몸이 약하던 큰여동생이 20대 초반에 세상을 떠났다. 하지만 남아 있는 우리 남매들은 모두 성장하여 지금은 행복하게 잘 살고 있다.

어머니께서는 원래 밝고 명랑한 성격이어서 자녀들을 어려운 가정환경 속에서도 건강하고 자립심이 강한 자녀로 키워주셨다. 다만 아버지와 두 분의 어머니가 함께 사시는 동안에는 두 어머니 사이의 갈등으로 가정불화가 있었고 이로 인하여 어렵던 때가 있었다. 그렇지만 어머니께서 그런 어려운 여건도 잘 이겨내며 자식 교육을 위하여 보따리 장사도 마다하지 않으며 애를 쓰셨다. 그렇게 고생하신 보람이 있어 어머니는 지금은 고향에서 자녀를 잘 길러 복이 많은 분이란 이야기 듣고 계신다. 그러니 자녀인 우리로서는 마음이 흐뭇하지 않을 수 없다.

지금 생각해 보면, 어머니는 마음이 넓으시고 너그러우셨다. 그래서 큰아들인 내가 방학 때마다 석산 어머니에게 가서 함께 지낼 수 있도록 하셨다. 또 어머니는 내가 석산 어머니를 잘 모시도록 배려해 주셨다. 물론 형제자매들이 많으니 하나쯤 양보할 수도 있겠다고 생각할 수도 있다. 그러나 어머니로서 큰아들인 나를 그리한다는 것이 여간해서 어려운 일이 아니었을 것이다. 그것은 어머니의 자식에 대한 넓고 깊은 사랑이 있기에 가능했다는 생각이 든다. 어머니께 마음 깊이 감사드린다.

얼마 전까지만 해도 어머니께서는

"주위 사람들이 모두 나를 자식과 손주들을 잘 둔 복덩이 할머니라고 말하니 참 좋구나."

라고 말씀하셨다. 그런데 이제는 아흔이 넘으셔서 그런지 약간 정신상태가 혼미하실 때가 있으시다. 또 몸도 불편하시어 거동하기가 힘들다고 하신다. 얼마 남지 않은 여생을 건강을 되찾으시어 자녀들과 손주들이 건강하고 행복하게 잘 사는 모습 보시면서 오래오래 사셨으면 좋겠다는 마음 간절하다. 어머니께서 항상 건강하고 행복하게 사시면서 밝게 웃는 그런 모습만 볼 수 있다면 얼마나 좋을까?

(2016. 08. 19.)

아버지께서 주신 교훈

아버지께서 세상을 떠나신 지도 어언 23년이 흘렀다. 여든이 넘으신 나이에도 항상 무엇인가 하시기 위해 바쁘게 사시던 아버지께서는, 어느 날 갑자기 뇌졸중으로 쓰러지신 뒤 1주일 만에 세상을 뜨셨다. 정읍 아산병원에 입원하여 1주일도 지나지 않아, 마음의 준비를 하라는 의사 선생님 말씀에 나를 포함하여 온 가족들은 너무나도 황망하고 허탈한 마음이었다.

석산 어머니와 결혼하여 자식을 두지 못하시다가 마흔이 되어 처음으로 자식을 두게 된 아버지께서는, 7남매를 낳아 잘 기르고 가르치기 위하여 남들이 쉬는 이른 봄에도 항상 논에 나가 방죽을 파고, 산 넘어 골짜기에 밭과 논을 개간하는 등 가족들의 생계를 위해 많은 땀을 흘리시며 고생하셨다.

초등학교 5학년 때 큰아들인 내가 제법 공부를 열심히 하자, 오동나무로 된 책상을 맞춰주시며 아들의 장래를 기대에 찬 눈으로 바라보시고 다독여주시던 일이 엊그제만 같다.

아버지는 무학이셨다. 할아버지께서 서당 훈장에다 글만 하는 선비라서 아버지께서는 어려서부터 생계를 이어가기 위해 일을 하셔야만 했다. 그래서인지 자녀들에 대한 교육열이 남다르셨다. 가진 논이 대부분 천수답이어서, 연이어 가뭄이 들었던 고등학교 1, 2학년 무렵이었다. 학비와 식비를 댈 수 없어 고리채로 빚을 내다 주시면서도

"아무 걱정하지 말고 공부하는 데만 힘쓰거라."

라고 말씀하시며 지원하시던 인자하고 의지가 강하셨던 아버지, 이제야 아버지의 뜻에 따르지 못한 많은 것을 후회하며 감사하는 마음 가져본다. 그 당시, 조금 일찍 철이 들었더라면 학업을 중단하고 아버지의 고생을 덜어 드려야 했었는데 그러질 못해 죄송할 뿐이다.

그래도 그렇게 고생을 하신 보람이 있으셔서

"큰아들 내외는 교사이고, 큰딸 내외는 교사와 회사 과장, 막내아들, 막내딸은 대학생이니 40여 호 접지마을에서는 우리만 한 집도 없구나."

고 하시며 환하게 웃으며 흐뭇해하시던 아버지의 모습이 떠오른다. 7남매를 길러 아들, 딸 하나씩 초등학교 졸업시키고 모두 고등학교, 대학교를 보내 교사로, 회사원으로 생활하고 있으니 마을에서 자랑할 만도 하셨을 것이다.

아버지께서는 두 어머니와 함께 사셔야 하는 운명이어서 평생을 두 집 살림하며 사셨다. 그래서 우리 집에서는 가끔 가정불화가 일어나곤 했다. 지금 생각해 보면, 두 어머니와의 관계를 원만하게 유지하며 산

다는 것은 참으로 쉽지 않은 일이었을 것이라는 생각이 든다. 두 어머니 사이가 좋은 관계였다면 아버지의 삶도 좀 더 여유로웠을 텐데, 두 분 사이가 그러질 못했다. 그러다 보니 아버지께서도 두 어머니와 사랑과 대화를 나누기보다는 호통과 때로는 물리력을 행사하곤 하셨다. 그런 상황 속에서 우리 남매들은 두렵고 불안한 시간을 보내곤 했다.

아버지께서는 자상함보다는 엄격함으로 가정과 자녀들을 이끄셨던 것 같다. 하지만 아버지께서 그런 어려운 여건에서도, 끝까지 두 어머니와 함께하신 일은 남편으로서 최선을 다한 것으로 여겨진다. 자신에게 주어진 운명을 그대로 받아들이고 사신 것이다.

아버지에게 배움의 기회가 없으셨지만, 글도 잘 읽고 계산력도 남달라 마을 반장 일을 맡아 하셨다. 시인이셨던 할아버지를 닮아 재주가 있으셨던 것 같다. 자식들에게는 항상 예절을 강조하셨고, 부지런하게 살아야 함을 행동으로 보여주셨다.

그래서 우리 남매는 지금까지 예의에 벗어난 행동을 하지 않고, 자신의 삶에 최선을 다하며 살아가고 있다. 이 모든 것이 아버지의 가르침 덕분이라고 생각한다. 지금은 돌아가시어 뵐 수가 없지만, 오늘의 우리가 있도록 길러주시고 가르쳐주신 이 모든 것에 대하여 아버지께 고개 숙여 깊이 감사를 드리고 싶다.

"아버지, 이렇게 길러주셔서 고맙습니다!"

(2016. 05. 05.)

나만 바라보고 사신 석산 어머니

세상에서 자기만을 바라보고 사는 분이 있다면, 그 사람은 그분에게 얼마나 소중한 사람일까? 바로 석산 어머니에게는 내가 그처럼 소중한 아들이었다. 나는 어머니에게 아주 많은 사랑을 받으며 자랐다. 왜 그렇게 나에게 많은 사랑을 주셨을까?

석산 어머니께서는 이십 세가 다 되기 전인 꽃다운 나이에 아버지와 결혼을 하셨다. 아버지와 신혼의 삶을 꾸리고 몇 년 동안은 재산도 늘리고 행복한 생활을 하시며 사셨던 것 같다. 그런데 결혼한 지 여러 해가 되어도 자녀를 출산할 수가 없어 행복해야 할 신혼생활은 오래가지 못했다. 시댁은 물론 친정 부모님들께서 그렇게도 바라는 손주 잉태 소식은 감감무소식이니 당사자인 어머니와 아버지는 물론 집안 어른들의 한숨 소리만 깊어갔다. 이래저래 좋다는 약은 다 써보고 불공을 드리거나 온갖 좋다는 것들을 다 해보았지만, 효험이 없어 결국은 모든 것을 체념하기에 이르렀다.

그래서 석산 어머니께서는 대를 끊기지 않게 하려면 새로 아내를 맞아들이게 하는 것이 도리라고 생각하고, 아버지께 그리하시도록 권했다고 한다. 아버지께서도 오랜 숙고 끝에, 새로 아내를 맞아들여 어른들의 걱정을 덜어 드리기로 하셨다. 아버지 연세 서른아홉이 되던 해, 새로 맞아들인 분이 바로 나를 낳아주신 어머니이시다. 아버지 나이 마흔이 되어, 집안 맏아들로 태어난 나는 얼마나 많은 분의 마음을 기쁘게 했을까? 지금 상상해 보아도 가히 짐작이 가고도 남는다.

나는 태어나자마자 많은 어른의 사랑을 한 몸에 받으며, 집안의 귀한 보물처럼 대우를 받으며 자랐다. 아쉽게도 내가 태어난 이듬해에 한국전쟁이 발발하여 그런 사랑을 오래 받지는 못했다. 하지만 석산 어머니는 나를 보물단지라도 다루듯이 온갖 정성과 사랑으로 기르셨다.

내가 태어난 뒤 5년 동안, 우리 집에서는 아버지와 석산 어머니 그리고 어머니가 한집에 사셨다. 내가 태어난 2년 뒤에 남동생이 태어났고, 그리고 3년 동안을 석산 어머니는 함께 살았다. 석산 어머니는 동생이 태어났음에도 동생에게는 전혀 관심을 두지 않으시고, 오직 나만을 보살피고 사랑하셨다. 그러다가 더는 한집에서 함께 살 수 없겠다는 생각에 아버지는 석산 어머니와 서로 분가하기로 하고, 어머니를 친정이 있는 석산으로 가 살게 하셨다.

석산으로 분가하신 어머니는 오직 나의 앞날을 위하여 밤낮을 가리지 않고 농사일에 땀 흘리며 노력하셨다고 한다. 초등학교 2학년 여름방학 때, 처음으로 나는 아버지 손에 이끌려 석산 어머니 집에 가게 되었다. 어머니는 나를 보자 그렇게도 반가운지 어찌할 바를 모르셨다.

다섯 살 무렵 모내기 철로 기억된다. 나는 어머니 등에 업혀 우리 마을 앞 당상 거리에 있는 논에 갔었다. 어머니는 바구니를 만들고 계셨고, 나는 모내기를 하려고 써레질한 논에서 들어가 놀고 있다가 그만 뱀에 물리고 말았다. 그런 나를 본 어머니께서는 부리나케 나를 밖으로 데려다가 놓은 뒤에 자신의 머리를 한 움큼 뽑아내 내 다리를 묶어 주셨다. 다행히 물뱀이라서 걱정을 하지 않아도 되었다. 그런데, 어머니는 그토록 자신의 몸은 아끼지 않으며 내게 온갖 정성을 다하셨다. 3년여 만에 그런 나를 만났으니 그럴 만도 하였겠다는 생각이 든다.

그 뒤로 매년 방학 때가 되면 나는 석산에 가서 어머니와 지내며, 또 친구들과 어울려 재미있게 방학을 보냈다. 농사철이면 어머니께서는 온종일 밭에 나가 일을 하시다가도 때가 되면 집에 오시어, 아들인 내 입맛에 맞는 음식을 챙겨주려고 항상 애쓰셨다. 친정 조카인 동갑내기 주택이는 무슨 일이나 아들인 나를 챙긴 뒤에 조카를 찾으니

"고모는 항상 아들만 생각하고 조카인 내게는 관심이 없나 봐요."

라고 볼멘소리로 불평을 하곤 하였다. 오직 어머니는 평생을 나만을 바라보고 의지하며 살기로 작정하셨던 것 같다.

중학교에 들어가던 해, 접지리로 이사 오시어 석산 어머니는 나와 졸업할 때까지 함께 사셨다. 그때가 나나 어머니에게는 참으로 행복했던 시절이 아니었던가 싶다. 내가 고등학교를 타지로 가게 되자, 어머니는 정 붙일 사람이 없어서인지 다시 석산으로 들어가셨다. 다시 농사일을 동무 삼아 땀 흘리시면서 기회가 닿는 대로 학비에 보태 쓰라

고 용돈을 쥐여 주시던 어머니의 따뜻한 정이 지금도 잊히지 않는다. 사실 어머니 혼자만을 생각한다면 그렇게 애써 일하지 않아도 될 만큼 전답을 가지고 계셨다. 그런데도 나의 삶에 조금이라도 보탬을 주시고자 항상 부지런히 일하며 땀 흘리셨다.

항상 어머니는 집과 일에만 몸 붙여 사시던 분이셨다. 그러던 어느 해 겨울, 가을걷이를 마치시고 조금 여유를 찾으시자 어머니께서는 잠시 틈을 내 서울 나들이를 다녀오셨다. 짧은 나들이였지만 평생 처음으로 서울 구경과 함께 큰집 형님과 누나네 집을 둘러보고 오시어 참으로 흐뭇해하시던 모습이 지금도 눈에 선하다.

그 뒤, 장성에 살면서 내가 고등학교 교사로 가게 되자 덩실덩실 춤을 추며 그리도 좋아하시던 어머니! 이제는 아무것도 부러울 게 없다는 듯이 좋아하시던 때가 엊그제만 같다.

내가 결혼을 하고 큰애를 낳게 되자, 어머니께서는 석산에서의 모든 삶을 정리하고 우리 집에 오시어 맞벌이인 우리를 위해 아이도 돌보고 집안 살림을 도맡아 하셨다. 평소 몸에 밴대로 검소한 삶을 사시다 보니 아내에게는 조금 힘든 삶이 되었지만, 오직 나만을 위하여 그리 사신 것이다. 셋째가 태어나 다섯 살이 될 무렵까지 그렇게 우리를 위해 많은 고생을 하셨다.

1987년 여름, 어머니께서 고관절로 몸져누우신 뒤 곧바로 전북대학교 병원에서 수술을 받으셨다. 그 뒤, 어머니의 건강이 회복되는가 싶더니 다시 나빠져 7년여 동안이나 병석에 누워 고생하셨다. 그러다가 어머니는 1994년 봄, 편안하고 행복한 삶을 제대로 한번 누려보지 못한 채 하늘나라로 떠나셨다.

지금 생각해 보아도 어머니께 너무 죄송하고 미안한 마음 가득할 뿐이다. 효도다운 효도 한번 받지 못하고 고생만 하시다 떠나셨으니 무어라 죄스러운 마음을 용서받을 수 있을지 모르겠다. 오직 나만을 바라보고 사셨던 어머니께 지금이라도 할 수만 있다면 용서를 청하고 싶다.

"어머니 효도 한 번 제대로 못 하고 보내드려 너무너무 죄송합니다."

라고 말이다.

(2016. 06. 27.)

내 인생의 멘토, 윤상 형님

내가 아주 철부지였던 초등학교 3학년 때로 기억한다. 그해 가을 어느 날, 부모님은 농사일로 일터에 나가셨다. 그리고 나는 집에서 어린 동생들을 돌보면서, 동생과 함께 재미있는 놀이에 빠져 있었다. 그런데 웬 청년이 우리 집에 찾아왔다. 광주에서 대학을 다니는 큰집 둘째 형인 윤상 형님이었다. 형님께서 우리 머리를 쓰다듬어주면서

"공부 열심히 하고 있지?"

하고 물으시며, 그 당시에는 아주 귀한 연필 한 다스를 선물로 주셨다. 나와 동생은 그 선물이 어찌나 고맙고 자랑스러웠는지 모른다. 형님께서는 부모님께서 농사일로 들에 나가셨음을 알고 곧바로 떠나셨다.

그 뒤, 몇 년이 지나자 윤상 형님은 중학교 수학 선생님이 되셨다. 큰집에 가게 될 때마다 형님께서는 우리를 아주 반가이 맞아주며 산수 문제를 내주시곤 하였다. 우리의 산수 실력이 어느 정도나 되는지 알아보려고 그러셨다. 그런 형님을 보면 좋았지만, 마치 선생님을 만나는 기분이어서 한편으론 두려운 마음이 앞섰다. 형님이 고창 흥덕중학

교에 근무하실 때에는 막냇동생인 판석 형을 데리고 가셨다. 그런 판석 형을 보면서 얼마나 부러웠는지 모른다.

어느 해 여름방학 때에 동생과 함께 큰집에 들렀더니, 윤상 형님과 판석 형이 우리를 냇가로 데리고 갔다. 그곳에서 된장을 넣은 유리병을 깊은 물속에 담가 두고, 형님은 물이 얕은 곳으로 가 작살로 물고기를 잡았다. 우리는 형님이 물고기를 잡을 때마다, 뒤 따라다니며 그 물고기를 주워 양동이에 담곤 하였다. 그런 일을 하는 게 얼마나 재미가 쏠쏠하고 흥에 겨웠는지 모른다. 그렇게 잡은 물고기를 큰어머니께 갖다 드리니, 호박을 넣고 맛있는 매운탕을 끓여주시어 점심을 어찌나 맛있게 먹었던지 지금도 잊히지 않는다. 그 당시, 나는 우리를 항상 정겹게 맞아주고 사랑해주는 윤상 형님과 판석 형이 있어서, 아주 자랑스럽고 행복했었다.

그 뒤 윤상 형님이 김제에 사는 규수와 결혼식을 치른 날, 예식을 마치고 돌아오는 트럭을 기다리며 우리 사촌 형제들은 부푼 가슴으로 마음이 붕 떠 있었다. 형님께서 중학교 선생님이시고 미남이셔서 그런지 형수님도 빼어난 미인이셨다. 나와 사촌 동생들은 기쁜 나머지 헛웃음을 치며 집 주위를 빙빙 돌았다. 윤상 형님은 결혼한 지 얼마 되지 않아 큰딸을 낳았고, 그리고 아들 광철이가 태어났다. 그 뒤에 딸을 셋을 더 낳아 오 남매를 두셨다.

어느 해 추석 때로 기억된다. 아버님 형제분들과 사촌들이 우리 집에서 점심을 먹었다. 그런 뒤, 증조부모님 성묘를 가면서 이제 겨우 여섯 살밖에 안 된 광철이가 어쩌면 그렇게 구구단을 완벽하게 외우는지 모두 입을 딱 벌렸다. 아버지가 수학 선생님이라서 그런지 대단히 머리가 뛰어난 아이라는 생각이 들었다. 조카 광철이는 훗날, 그 뛰어난 머리로 명문고를 거쳐 서울대 상대에 들어갔다. 대학을 나와 삼성에서 잠시 근무하다가, 한국경제신문에 들어가 편집국장을 마치고, 지금은 한경 그룹 계열사 대표를 맡고 있다.

우리 부모님께서는 자녀를 늦게 두시어 집안일에 어려움이 있을 때마다, 윤상 형님과 형수님께서 많은 염려와 함께 도움을 주려고 애쓰셨다. 그런 형님과 형수님이 친형님처럼 느껴져 나는 무척이나 고맙고 마음 든든했다.

그런 윤상 형님에게 불행이 찾아왔다. 1970년 겨울, 형수님께서 난산으로 다섯째 조카를 낳은 뒤 그만 세상을 떠나셨다. 어린 오 남매를 두고 세상을 뜨자 윤상 형님은 큰 절망에 빠지셨다. 큰어머니께서 집안일을 보살피신다지만, 갑자기 형수님을 잃게 된 형님께서는 갓난아이와 어린 자녀들을 보시며 얼마나 슬픔이 크셨을까? 고통을 잊으려고 매일 술에 의지할 수밖에 없었을 것이다. 그러다가 다음 해 늦은 봄에, 노처녀를 만나 새로운 가정을 꾸리게 되었다. 아이는 더 낳지 않고 오 남매를 잘 길러주겠다는 조건으로 결혼을 하였단다. 윤상 형님도, 또 그런 조건을 받아들인 새 형수님도 대단한 분들이었다.

오 남매는 잘 자라 주었다. 그렇지만 어찌 그런 환경에서 형님 가정에 문제가 없었겠는가? 큰딸을 결혼시키고 얼마 되지 않아 윤상 형님께서 건강이 악화되셨다. 간암이라고 했다. 그간 자녀들을 기르시면서 많은 고통이 있었고, 그래서 술에 많이 의지하며 사신 것 같았다. 형수님도 많은 희생을 하였지만, 아이들과 갈등이 적지 않았던 것 같다. 사촌 큰형님이 동생의 건강 회복을 위해 다방면으로 노력을 해 보았지만, 결국 세상을 뜨시고 말았다. 참으로 억장이 무너져 내렸다. 나를 그토록 사랑해주고 인생의 멘토가 되어주셨던 윤상 형님께서 세상을 뜨시다니 큰 슬픔과 함께 앞날이 막막해짐을 느꼈다.

1970년대 중반에 내가 교직에 첫발을 내디뎠을 때, 그렇게도 자기 일처럼 기뻐해 주시던 형님이었다. 또 형님댁에 들르게 되면, 밤늦도록 나의 장래를 염려해 주시던 형님의 인자하신 모습이 지금도 눈앞에 선하다.

그분이 계셔서 나는 참으로 마음 든든했고, 또 한 계단 더 올라설 수 있었다. 이제는 다시 보고 싶어도 뵐 수 없는 형님이다. 그동안 형님의 자녀들에게 더 관심을 가지고 챙겼어야 했는데, 바쁘다는 핑계로 그러지도 못했다. 그런 모든 것을 후회하며 미안한 마음만 가득하다.

(2017. 12. 07.)

사촌 큰형님은 지금 무슨 생각을 하고 계실까?

사촌 큰형님과 나는 나이 차가 아주 많다. 형님의 큰아들인 조카가 나와 동갑이면서 두 달이나 먼저 태어났다. 큰아버지의 바로 아래 동생인 우리 아버지께서 나이가 40이 되어 내가 태어났으니, 나이 차가 날 수밖에 없다. 형님께서는 가난한 집안의 장손으로 태어나 할아버지께 한문을 배우고, 초등학교를 마친 뒤에는 부모님을 도와 농사를 지었다.

해방이 되자, 할아버지께서는 김제 광활에 일본인들이 경작하던 주인 없는 농지를 얻으셨다. 할아버지께서는 먼저 우리 아버지와 사촌 형님을 그곳에 보내어 농사를 짓도록 하셨다고 한다. 그런데 우리 아버지는 그곳에 가서 농사를 지으려고 준비하시다, 개울물을 식수로 사용하니 배탈이 나 도저히 견딜 수가 없다며, 정읍으로 돌아오셨다고 한다. 그래서 아버지를 대신하여 막내 작은아버지께서 김제 광활로 가시어 농사를 지으셨다.

큰형님과 막내 작은아버지는 그곳에서 십수 년간 어려운 환경을 잘 극복하고 부지런히 노력하여 마침내 부농이 되셨다. 1960년대 초, 형님은 10필지 그리고 작은 아버지는 8필지의 논을 마련하였으니 남부럽지 않을 정도가 된 것이다. 그러나 큰형님께서는 더 큰 꿈이 있었다. 아직 젊으니, 서울로 올라가 자식 교육도 시키고, 재산도 더 늘려 거상이 되겠다는 생각을 하셨다. 그래서 1960년대 초 셋째 작은아버지를 광활로 모신 뒤, 형님은 재산을 처분하여 서울 청량리에 빙과류제조공장을 인수하였다. 부지런하기로 소문난 형님과 형수님은 서울에 가서도 밤, 낮을 가리지 않고 열심히 일해 아주 큰 재산을 모았다.

1968년경에 청량리 대로변에 3층 건물을 짓고, 공장을 확대하며 그 인근에 있는 많은 건물들을 사들였다. 그리고 강남이 개발되기 이전에 이곳저곳에 많은 땅을 사두었다. 재산을 모으는 데 크게 성공한 것이다. 큰 부를 이루게 된 1970년대 중반, 형님은 동대문구에서 통일주체 국민회의 대의원 선거에도 출마하여 당당히 당선하는 영광까지 누렸다.

이제 남부러울 것이 없을 정도 부와 명예를 얻게 된 형님은 그 뒤로 부모님을 서울로 모셨고, 또 할아버지 한시를 모아 ≪楚南詩集≫을 발간하고, 조상님들 모신 선산에 석물을 놓고 가꾸는 데 힘썼다. 또, 작은아버지들에게도 용돈을 드리고, 고씨 문중에도 많은 돈을 희사하였다. 그리고 자녀교육에도 정성을 다하였다. 많은 베풂 속에서 형님은 작은아버지들과 사촌들은 물론 집안의 큰 기둥으로서 역할을 다하려고 애썼다. 그 결과 사촌들뿐만 아니라 집안 모든 이들로부터 존경을 받게 되었다.

≪楚南詩集≫은 할아버지께서 가난한 가운데 훈장으로 사시면서

벗들과 교유하고, 유랑하면서 쓰신 7, 800여 편의 시를 모아 놓은 시집이다. 이 시집은 우리 부모님 세대에는 겨우 끼니를 해결하는 정도의 삶을 사셨기에 발간하지 못하다가, 장손인 큰 형님이 두 차례에 걸쳐 발간하게 된 것이다. 그 내용을 살펴보면 할아버지께서는 내장사 시회에 나가 장원한 시를 포함하여 아주 좋은 시들이 많이 담겨있다. 형님이 아니었으면 우리 후손들에게 할아버지의 좋은 글을 전할 기회가 없었을지도 모른다.

나는 지난해부터 ≪초남시집楚南詩集≫에 있는 시들을 암송하며 가족이 함께 모이는 합동 제삿날에 한시 암송대회를 운영하고 있다. 우리 후손들에게 할아버지의 좋은 글을 만날 수 있도록 기회를 주고, 또 자긍심도 심어주기 위해서이다. 진심으로 큰형님께 감사드린다.

자녀들을 모두 출가시킨 형님 내외분께서는 용인으로 이사하시어 구경도 다니시고, 노후 생활을 재미있고 행복하게 보내며 사셨다. 그런데 6년 전, 형수님께서 갑자기 세상을 뜨셨다. 참 속이 깊고 넉넉하신 형수님이셨는데 안타까웠다.

이제 나이가 구순으로 연로하신 형님께서는 외로움을 많이 타시는 것 같다. 전처럼 건강하고 꿋꿋하시던 모습을 찾아볼 수 없으니, 이를 바라보는 내 마음 참으로 안타깝기 그지없다. 큰형님께서는 얼마 전에 고향 선산 가까운 곳에 땅을 사, 내장산과 입암산을 바라보는 방향으로 아담한 집을 지어놓고, 이곳으로 내려와 사실 계획이다. 장조카뿐만 아니라 자녀들이 아버지가 멀리 이곳으로 내려온다고 하니, 걱정이 이만저만 아닌 것 같다. 그렇게들 반대를 하는데도, 아버지가 생각을 바꾸지 않으니 어쩔 수가 없다고 한다. 이제는 조카들이 자주 아버지를 만나 뵈러 내려오겠단다.

큰형님의 한평생을 되돌아보면, 가난을 물리치고 잘살기 위해 젊은 시절을 아주 열심히 사셨다. 또 큰 성공을 거두신 만큼 보람도 크셨을 것이다. 그리고 집안과 이웃을 위하여 많이 베풀었고, 자녀들에게도 많은 것을 남겨주셨다.

이 정도의 삶이면 세상 사람들이 부러워할 만한 삶이라고 할 수 있을 것이다. 그런데 연로하신 지금, 큰형님은 지금까지 살아온 자신의 일생을 되돌아보며 어떤 생각을 하실까? 성서에서 코헬렛이 세상의 삶을 "허무로다, 허무!"라고 독백하고 있듯이 혹 그러지는 않으신지 모르겠다.

(2016. 12. 13.)

뿌리를 찾아서

—시조와 중시조, 그리고 분파

오바마 전 미국 대통령이 대통령 후보가 되었을 때 언론에서는 그의 고향과, 어린 시절의 삶, 그리고 그의 아버지의 고향인 케냐 서부 코겔로 마을에 대하여 대서특필을 하였다. 이 가운데 그의 아버지 고향에 관한 이야기가 많은 사람의 주목을 받았다. 이처럼 사람들은 자신이 태어난 곳과 그 조상이 태어난 곳에 대해 많은 관심을 갖고 또 그곳을 찾아가 보려고 애쓴다.

오바마 대통령도 그의 아버지가 사망한 1981년부터 여러 차례 아버지의 고향인 케냐를 찾아가 할머니와 이복형제들을 비롯한 친족들을 만났다고 한다. 이렇게 '뿌리를 찾기 위해 노력하는 것은 자신과 후손들을 위해서도 매우 중요하고 의미 있는 일이 아닐까?'라는 생각이 든다.

부끄러운 이야기지만, 나는 40대 중반 이전에는 그런 일에 별로 관심을 두지 않았다. 조상님들 시제에도 '아버님께서 가시니 나는 참석하지 않아도 되겠지.'라고 생각하며 시제에 참석하지 않았다. 아마도 아버님께서는 그런 나를 바라보시며 '저 애가 제 자식들에게 도대체 조상님들 대하여 무엇을 알려 줄 수 있을까?' 하며 크게 걱정하셨을 것 같다. 그랬던 나도 요즘은 '우리 집안의 뿌리는 도대체 어디인가?'라는 생각을 하며 관심을 두기 시작했다.

아버님이 세상을 뜨시고, 나이가 50대에 접어들면서 '나는 누구이며, 어디에서 왔는가?'라며 서서히 핏줄에 대하여 관심을 갖기 시작했다. 그리고 나의 조상들과 그분들의 고향에 대하여 궁금증을 갖게 되었다. 그 이유는 내 자식들과 손주들이 자신의 뿌리에 대하여 제대로 알지 못한다면 아마도 주변으로부터 '저 애들은 근본이 없는 아이들이구나.'라는 소리를 들을지도 모르겠다는 생각이 문득 들었기 때문이다.

그 뒤, 초등학교 동창들과 제주도여행을 가게 되었다. 나는 바쁜 가운데에도 틈을 내어 제주 고씨 시조인 고을라 할아버지에 대한 탄생 설화가 얽혀있는 삼성혈을 찾았다. 그러면서 차츰 손주들이 조상님들에 대하여 물으면 막힘없이 설명해주겠다는 생각을 하게 되었다. 그런 생각이 바탕이 되어 족보를 찾았고, 또 틈을 내어 조상들이 살던 곳을 찾기 시작하였다. 그리고 대전에 조성된 뿌리공원에도 다녀왔다. 이렇게 노력을 한 결과 아직은 많이 부족하지만 제주 고씨의 시조와 중시조, 그리고 중요 9개 파조와 중심 주거지 그리고 우리 직계 조상들에 대하여 알게 되었다. 그런 내용을 다음과 같이 정리해 본다.

▷ 제주 고씨의 시조인 고을라 왕의 탄생 설화

고씨는 양씨, 부씨와 함께 제주(탐라)의 지배 씨족으로서 삼성의 시조 탄생에 대하여 삼성혈三姓穴의 전설이 널리 전해져 온다. 제주도에는 본래 사람이 없었는데 '탐라 개국 설화耽羅開國說話'에서 삼신(고을라高乙那, 양을라良乙那, 부을라夫乙那)이 한라산漢拏山 북쪽 기슭 모흥혈毛興穴에서 솟아 올라왔다고 한다. 이들 삼신은 짐승을 사냥하며 살았는데, 어느 날 동쪽으로부터 상자 하나가 바다로 떠 내려왔다. 그래서 그 상자를 건져 열어 보니 그 속에는 세 명의 미녀와 곡식의 씨앗, 망아지, 송아지가 들어 있었다. 삼신은 세 명의 미녀를 각각 배필로 맞아 목축과 농사를 지으며 살았다고 한다. 그중 고을라가 제주 고씨濟州高氏의 시조가 되었으며 본관을 제주로 하게 되었다고 전한다. 그리하여 고을라 왕부터 45세 자견왕까지 대를 이어 탐라국이 이어져 왔다고 전한다.

▷ 제주 고씨 중시조-말로末老

고씨는 시조로부터 45세世 손 자견왕自堅王까지 탐라 군주로 세습해 오다가 46세 손인 말로末老가 고려 왕실에 입조하였다. 그가 곧 제주 고씨의 중시조다. 나는 제주 고씨 30세 손인데, 이것은 1세인 중시조 末자 老자 할아버지를 기준으로 30번째 손임을 뜻한다.

또 고말로末老의 증손자 고공익(恭益, 청주), 증손자 고령신(令臣, 개성),

고말로의 10세 손 고중연(장흥), 후손 고종필(연안), 고말로의 16세 손 고응섭(안동)을 파조나 중시조로 하여 15개의 본관으로 나뉘었다. 그런데 그 뒤 후손들이 모여, 우리는 모두 같은 혈손이라며 다시 합본하여 고을라를 시조로 하고 본관을 제주로 하여 '제주 고씨 중앙 종문회'를 만들었다. 2015년 말 현재 기준, 통계청에서 발표한 자료에 의하면 고씨의 성씨별 인구 순위는 22위로 465,839명이 사는 것으로 집계되고 있다.

▷ 분파

제주 고씨는 15개 정도로 파가 나뉘어 있는데, 여기서는 규모가 적은 파는 생략하고 다음과 같이 9개의 파를 중심으로 파조와 많이 분포하는 지역을 정리해본다.

성주공파聖州公派 - 고말로의 10세 손 인단을 파조로 하며 제주에 많이 분포
전서공파典書公派 - 13세 손 신걸을 파조로 하며 제주에 많이 살고 있음
영곡공파靈谷公派 - 15세 손 득종을 파조로 하며 제주에 많이 살며 고씨의 약 5분의 1을 차지한다. (그간 위 세파를 제주 고씨라 칭했다.)
문충공파文忠公派 - 11세 손 경을 파조로 전북, 경기, 서울에 분포. (옥구 고씨)
장흥백파長興伯派 - 10세 손 중연을 파조로 광주, 담양, 고창, 서울에 많이

분포한다. (장흥 고씨)

화전군파花田君派 – 11세 손 인비(仁庇)를 파조로 횡성에 많이 산다. (횡성 고씨)

문정공파文禎公派 – 13세 손 택을 파조로 용담, 금산에 많이 산다. (용담 고씨)

상당군파上黨君派 – 4세 손 공익을 파조로 하며 청주, 함경도에 많다. (청주 고씨)

양경공파良敬公派 – 4세 손 영신을 파조로 하며 개성에 많이 산다. (개성 고씨)

이밖에도 23세 손 응섭應步을 중시조로 하는 안동 고씨는 안동을 중심으로 분포한다. 요즘 대부분의 고씨는 고씨 중앙 종중회의 의결에 따라 파를 구분하지 않고 단일 본인 제주 고씨로 부르기로 결정하였다. 이상으로 나의 성씨인 고 씨의 뿌리라 할 수 있는 시조와 중시조, 그리고 파조에 대하여 알아보았다.

부끄럽게도 나는 결혼을 하여 자식을 낳은 뒤에도 나의 뿌리에 대하여 자세히 알아보려고 하지 않았다. 이래서는 안 되겠다 싶어 위에서도 언급한 바와 같이 족보와 인터넷을 뒤져 '나의 뿌리는 어디인가?'라는 의문을 해결하고자 노력했다. 그런 뒤부터 명절 때나 조상님 기일을 맞을 때마다 후손들에게 조상님과 그 뿌리에 관한 이야기를 해주며 그분들이 가지고 사셨던 고귀한 정신을 이어받도록 당부하곤 한다.

(2018. 5. 8.)

제6부

초등학교 시절의 추억

여덟 살 때 아버지 손에 이끌리어 초등학교에 입학했던 시절이 아직도 내 기억 속에 가물거린다. 담임 선생님이셨던 한원준 선생님께서 친절히 아이들을 인솔하여, 이곳저곳으로 데리고 다니시며, 학교시설 사용 방법을 자세히 설명해 주시던 일도 어렴풋이 기억된다.

2학년 때, 석산 어머니께서 나를 만나시려고 잠깐 학교에 오셨던 일도 많은 추억의 파노라마 속에서 겨우 몇 장면 남아 있는 사진처럼 아련한 기억으로 스쳐 간다. 그리고 3학년 때, 자연시험에서 100점을 받았던 일이며, 머리에 부스럼이 나고 안질에 걸려 퉁퉁 부은 눈에서 흐르는 눈물을 닦으며, 그런 모습이 부끄러워 친구들과 저만치 떨어져 지내던 일들도 아직 생각이 난다.

나는 집에서 귀한 아들로 태어나 부모님의 사랑만 받으며 자라다 보니까, 친구들과는 그리 잘 어울리지를 못했다. 그리고 5학년이 되기 전까지는 겁이 많고 같은 또래의 아이들 사이에서도 힘에서 밀려, 힘센 친구나 형들의 책보를 들고 학교에 다니곤 했다. 5학년이 되면서부터, 마을이나 학급에서 또래들과 씨름을 하면 밀리지 않았고 공부도 제법 하게 되었다. 그러니, 친구들이 전과는 다르게 나를 보게 되었고 나도 차츰 자신감을 얻기 시작했다.

4학년 때까지는 학교에서 성적은 중간 정도에 순하디순한 아이로, 별로 눈에 띄지 않는 샌님처럼 조용히 학교에 다녔던 것 같다. 다만 역사 공부와 지도 보기를 좋아하던 아이로, 항상 세계지도를 펴놓고 여러 나라의 도시 이름 외우는 것을 좋아하였다. 이렇게 역사와 지리에 관심을 두게 되다 보니까, 수업시간에도 선생님 질문에 제일 먼저 대답을 하게 되었다. 이런 것이 계기가 되어 그때부터 학과 공부에 자신감을 갖게 되었다.

5학년이 되면서, 체육을 제외한 모든 과목에서 성적이 크게 올라 학급에서 상위권에 들게 되니, 담임 선생님께서도 관심을 가져주셨고, 또 반 친구들도 나를 차츰 인정해주기 시작하였다. 4학년 때와 비교하면 큰 발전을 이루었으나 그래도 2% 부족했던지, 학년 말에 담임이신 이재탁 선생님은 조금만 더 했으면 우등상을 받았을 텐데 아쉽다고 격려해주시던 기억이 난다.

담임 선생님으로부터 인정을 받게 된 나는, 6학년이 되면서 더욱 열심히 공부하기로 다짐하며 온갖 노력을 다하였다. 지금도 반장이었던 백옥이를 만나면 언제나 하는 이야기가

"자네는 성적이 좋았는데, 사회 특히 역사를 잘했었지."

라고 말한다. 지금은 고인이 된 봉기라는 친구와 더불어 교과서를

줄줄 외울 정도로 사회, 역사 과목에서 반 아이들보다 잘했던 것 같다.

나는 또래 친구들과 말다툼이나 싸움을 하게 되면 항상 그들에게 당하는 편이었다. 5학년이던 어느 여름날, 집에 돌아오는 길에 같은 반 친구인 우용이와 말다툼을 하다가 싸움을 하게 되었다. 그 친구는 우리 큰집이 있는 넝매에 사는 아이였다. 당시 그곳에서는 마을 청년들이 아이들에게 태권도를 가르쳐서인지 우용이의 태권도 솜씨에 꼼짝 없이 당해야만 했다. 그래서 그 뒤부터 나도 꼭 태권도를 배워야겠다는 생각을 하고 있다가 고등학교 때 태권도를 배웠다. 지금도 넝매에 살면서 조그마한 시골교회 장로로 열심히 살아가는 친구 우용이를 생각할 때마다 그 시절이 생각나 웃음 짓곤 한다.

그리고 가장 잊을 수 없는 추억은 6학년 가을철에 서울로 수학여행을 갔던 일이다. 그 당시 가정형편이 어려운 친구들은 함께 갈 수 없어서 미안했다. 120여 명의 학생 중에서 60여 명이 갔던 것으로 기억한다. 나는 어머니께서 참깨를 팔아 여행비를 마련해 주시어 수학여행을 다녀올 수 있었다. 그 당시에는 저녁 8시 50분에 천원역을 출발하는 서울행 완행열차를 타야만 갈 수 있었다. 나는 학교에서 모이기로 한 시간까지 대흥리 원칠네 집에 가서 기다렸다.

학교에서 모인 우리는 담임 선생님을 따라 학교를 출발 천원역으로 나와, 서울행 완행열차에 몸을 실었다. 난생처음 서울행 열차에 올라타니 기차 안은 열기로 가득해 어찌나 무덥고 답답해 힘들었던지 지금도 잊히지 않는다. 당시만 해도 8시간의 장시간 여행이라서 참으로 지루하고 힘들었다는 기억이 난다. 또 한강 다리를 지날 무렵에 영생이란 친구가 정신 줄을 놓고 선생님께 대들었던 큰 사건은 지금도 잊을 수가 없다.

이른 새벽 서울역에 도착한 우리는 어마어마한 대도시 안으로 빨려 들어갔다. 시골뜨기들이 휘둥그런 눈으로 주위를 두리번거리며 일행을 놓치지 않으려고 신경을 곤두세운 채 숙소까지 선생님 뒤를 졸졸 따라갔다. 숙소는 종로구에 있는 단층 기와집인 산수여관이었다.

여관에서 짐을 풀고 점심을 먹은 뒤에, 탑골공원과 원각사를 거쳐 동물원이 있던 창경원으로 향했다. 그런데 창경원에 도착하여 인원점검을 하니 동찬이란 친구가 보이질 않는다. 인솔하신 선생님들은 걱정이 이만저만이 아니셨다. 선생님께서 경찰에 신고하시고, 우리 일행은 창경원과 창덕궁을 구경한 뒤에 숙소로 돌아왔다. 그리고 저녁을 먹고 잃어버린 친구를 걱정하며 하룻밤을 보냈다.

다음날 남산으로 가는 도중에 덕수궁 앞에서, 다행히도 그 친구 동찬이를 만날 수 있었다. 동찬이의 이야기에 따르면, 일행을 놓치고 길거리를 헤매며 울고 있는데, 그가 훗날 진학하게 된 덕수상고 선배가 그를 자기 집에 데리고 가 재워주고, 덕수궁 앞으로 데리고 나왔다고 했다. 우리 일행은 남산, 그리고 신문사, 방송국을 구경하고 무사히 수학여행을 마치고 집으로 돌아왔다. 지금도 친구들과 만나면 그때를 이야기하며 웃음꽃을 피우곤 한다.

6학년을 마치고, 나는 정읍중학교에 진학하였다. 우리 1반에서 3

명, 그리고 2반에서 1명이 함께 입학하였다. 초등학교를 졸업하면서, 우리 부모님이 그렇게도 바라시던 우등상도 탈 수 있었다. 졸업하면서 장차 중학교에 가서 열심히 공부하여 좋은 고등학교와 대학에 가겠다는 다짐을 하면서 존경하는 선생님, 그리고 다정했던 친구들과 헤어지던 일이 엊그제 일처럼 눈에 선하다.

나이가 50대 후반에 접어들면서 초등학교 친구들이 1년에 두 차례씩 만나고 있다. 사업으로 크게 성공한 기남이가 적극적으로 많은 후원을 해주고 또 용원, 석수, 상기, 영춘이가 도움을 주어 모임이 잘되고 있다. 그리고 병목이가 명 총무로서 지용이는 재무로서 헌신적으로 봉사를 해주고 있으니 마음 든든하고 고맙기 그지없다. 그러니 우리 대흥 13회 동창생들은 너무너무 행복하다. 특히 기남이는 연말연시가 되면 서울과 정읍을 오가며 송년 모임을 통해 친구들에게 많은 것을 베풀고 있으니 얼마나 고마운 친구인지 모르겠다.

나이가 70대에 접어든 지금도, 철없이 지냈던 초등학교 시절, 그때 그 친구들을 만나면 항상 즐겁고 마음이 편안하다. 우리를 지도해 주셨던 은사님과 철없고 순수했던 그 시절이 참으로 그립다. 우리 동창들이 앞으로도 건강을 잘 유지하며 행복하게 지내기만을 바라는 마음 간절하다.

(2016. 6. 5.)

잊을 수 없는 내 고향

내가 태어나고 자란 고향은 정읍시 입암면 접지마을이다. 우리 마을은 재령봉이라 부르는 조그마한 산이 나비 모양으로 산줄기를 뻗어내린 기슭에 자리 잡고 있다. 깊은 산이 아니라서, 내가 군에 갈 무렵 양수기로 대흥 천 물을 끌어오기 전까지는, 봄철에 비가 적게 내리기라도 하면 어른들은 벼농사 걱정이 이만저만 아니었다. 그래서 사람들은 물길 좋은 철길 너머 수리답을 장만하려고 무던히도 애를 썼다. 또 마을 앞 논에는 방죽을 파거나 논둑을 높여 물을 저장하여 가뭄을 대비하곤 하였다.

우리 고향은 50여 호로 이루어진 조그마한 마을이었다. 마을에는 우물이 세 곳이 있었는데, 우물을 중심으로 지역을 구분하였다. 마을 한가운데에는 은천뜸이라는 언덕이 있고 그 오른쪽 위쪽의 우물이 있는 지역을 윗뜸, 언덕 아래 마을 입구에 있는 우물을 중심으로 한 지역을 아랫뜸, 그리고 언덕 왼쪽에 맑고 시원한 물이 요강 모양의 샘에서 퐁퐁 샘솟고 있는 지역을 요강시암뜸이라고 불렀다.

어른들에 따르면, 우리 마을은 나비 모양의 산기슭에 있어 터가 아주 좋은 곳이라 하였다. 마을 한가운데로 산줄기가 뻗어 내려와 언덕을 이루었는데, 그 언덕이 끝나는 부분에 명당 터가 있다고 했다. 그래서 조선 말기에 고부 읍내 은진사가 이곳에 그의 부모님 묘를 썼단다. 은진사가 마을의 한가운데에 묘를 쓰려고 하니, 우리 마을 주민들이 강하게 반대를 하였다고 한다. 시신을 마을 한가운데로 들여와 묘를 쓰게 되면, 마을에 큰 재앙이 든다는 이유 때문이었다. 그럼에도 당시 권세가인 은진사는 마을 사람들의 강한 반발에도 아랑곳하지 않고 묘를 썼다. 그래서 우리 마을 젊은이들과 은진사 집안 장정들 사이에 한바탕 큰 실랑이가 벌어졌고, 그 결과 부상당한 사람들이 적지 않았다고 한다. 또 반대하였던 마을 젊은이들은 관아에 끌려가 호된 매질을 당하였고, 옥고를 치르는 일까지 벌어졌단다. 힘없는 마을 사람들이 세도가의 힘에 짓눌려 억울하게 당할 수밖에 없었다.

그런 곳인 줄도 모른 채 어린 시절, 나는 친구들과 어울려 그곳 은천뜸(은 진사네 묘가 있는 언덕)에서 망주석을 중심으로 해가는 줄도 모르고 진돌이에 열중했었다. 또, 그곳 언덕에는 아름드리 소나무들이 울창한 숲을 이루고 있어서, 시원한 그늘을 제공해줄 뿐만 아니라, 놀이터로서도 아주 안성맞춤이었다. 새들이 소나무 위에 보금자리를 틀고 노랫소리가 끊이지 않아, 지금 생각해 보아도 우리가 놀기에 그렇게 아늑하고 편안한 곳은 없었던 것 같다.

어린 시절, 마을 어른들은 서로 품앗이를 하며 농사를 지었다. 그렇게 품앗이를 위해 아버지가 이웃집에 일하러 갈 때마다, 나는 동생과 함께 아버지가 일하시는 곳으로 찾아가 점심이나 때참을 얻어먹었다. 그때만 하더라도 가난하던 시절이라 부모님이 이웃에 일하러 가면 아이들이 찾아가 밥을 얻어먹는 것은 흔한 일이었다. 평상시 집에서 꽁보리밥에 몇 가지 반찬으로 끼니를 해결하다가 일꾼을 들여 일하면, 반쉬이에 고등어나 갈치조림, 콩나물무침, 그리고 여러 가지 반찬을 준비하여 접대하기에, 어린 우리에게는 잔칫집과 다름이 없었다. 지금도 흰쌀밥에 콩나물 넣고 살짝 익은 무김치, 멸치조림과 고추장을 넣어 비벼 먹으며 어린 그 시절을 생각하곤 한다. 그런 시절이 다시는 올 수 없다는 생각이 들어 안타까울 뿐이다.

또, 제삿날이나 생일이 되면, 이웃과 음식을 나누며, 서로 간에 정을 나누었다. 평소에 이렇게 정을 나누며 지내니 이웃사촌이란 말이 있지 않나 싶다. 어찌 생각해 보면, 멀리 떨어져 사는 형제나 사촌들보다 더 이웃과 일상에서 서로 돕고 정을 나누며 살아가는 것이 지속적으로 이루어지기에, 사촌보다 낫다는 말은 당연한 것 같다. 그래서 지금도 가끔씩 어린 시절 고향 친구들이 그립고, 어른들이 눈에 삼삼하게 떠오르는지도 모르겠다.

무더운 여름철에 마을 어른들은 시원한 아침나절에 땀 흘려 일을 마치고 점심을 먹고 난 뒤에, 마을 앞 시원한 모정에서 낮잠으로 휴식을 취하였다. 그리고 젊은이들은 장기나 윷, 또는 고누 두기로 실력을 겨루었다. 그러다가 더위가 수그러들 무렵이 되면, 어른들은 다시 논

밭으로 나가 땀 흘리며 일하던 평화로운 농촌의 풍경이 한 폭의 그림처럼 아련하게 떠오른다. 그 어린 시절은 참으로 순박하고 정겨운 모습으로 우리들의 기억 속에 잔잔하게 남아있다.

그러다가 1970년대에 들어, 대도시 지역과 항만 지역에 공업단지가 들어서고 산업화가 급격히 이루어지면서, 우리 마을 사람들도 하나둘 고향을 떠나기 시작하였다. 나 역시 결혼을 하고 바로 장성으로 이사를 하였다.

그 뒤, 어쩌다 고향을 찾으면, 연로하신 부모님과 이웃 어른들만이 고향을 지키고 계셨다. 마을의 모습은 이미 예전의 정겹고 살가운 그런 모습이 아니었다. 세월이 무상하게 흘러 가버린 지금, 아버님도 세상을 뜨시고 어머니와 형제들도 모두 고향을 떠나온 지가 오래다. 그리고 형제처럼 정을 나누며 살던 이웃 어른들과 친구들도 모두 세상을 뜨거나 고향마을을 떠나버렸다. 그래서 지금은 고향을 찾아가면 쓸쓸하고 낯선 느낌만 들 뿐이다.

그렇지만 언젠가 꼭 한번 우리 가족들과 함께, 나를 낳아주고 키워주었던 고향 접지마을에 찾아가, 낯설지만 마을 사람들을 만나 옛이야기도 나누며, 정겨운 시간을 보내고 싶다. 고향을 찾지 못하는 실향민들도 많은데, 나에게는 가까이에 고향 접지마을이 있고, 또 마음만 먹으면 언제든 찾아갈 수 있으니, 나는 너무너무 행복한 사람이다.

(2017. 10. 10.)

농게잡이 추억

중학교 2학년이던 10월 중순 어느 일요일, 마을 친구들과 서해 갯벌로 농게를 잡으러 가기로 약속한 날이었다. 게를 잡으러 다녀왔던 친구가 우리 마을에서 20km 정도 떨어진 서해로 가려면, 새벽 4시 이전에 출발해야 한다고 하였다. 우리 일행은 도시락과 마실 물을 챙겨서 어둠이 짙게 깔린 새벽 4시경에 목적지를 향해 출발하였다.

마을을 떠난 우리는 캄캄한 새벽을 뚫고 여러 마을을 지나 언덕을 오르고 산을 넘어 서해를 향해 걸어갔다. 15, 6세의 우리 친구들은 어둠 속에서 다가올지도 모르는 어떤 두려움을 이겨내려고 어른들처럼 봉초를 말아 연신 담배를 피웠다. 그리고 헛기침을 해가면서 목적지를 향하여 어둠을 헤치며 걷고 또 걸어나갔다. 빠른 걸음으로 두어 시간쯤 걸었을까? 가을 아침 짙게 밴 안개처럼 뿌옇던 어두움이 차츰 물러가면서 주위가 서서히 밝아왔다. 바삐 재촉한 덕분에 우리는 동림 저수지에 도착하여 둑 위에서 잠시 휴식을 취했다. 이제 어둠이 개고 우리 마음을 사로잡던 두려움은 사라졌다. 다시 그곳을 출발하여 30

여분을 걸어가니, 최종 목적지인 서해 갯벌이 나왔다.

생전 처음으로 보는 갯벌은 거무스레한 찰흙 펄로 여기저기에 작은 구멍이 숭숭 뚫려 있고, 조그마한 게들이 여기저기에 수도 없이 기어 다녔다. 저렇게 많은 게가 우리가 잡으려고 하는 바로 그 농게란다. 둑 위에 가지고 온 짐을 풀어놓고 잠시 쉬는 둥 마는 둥 한 뒤에 누가 먼저랄 것 없이 갯벌로 부리나케 뛰어들었다.

그리고 경험이 있는 친구가 가르쳐 주는 대로 게를 잡기 시작했다. 그러나 뻘밭에 다리가 깊이 박혀 도저히 발을 뗄 수가 없다. 또 게가 얼마나 잽싼지 잡을 수가 없다. 별수 없이 게 구멍을 호미로 파헤쳐보기로 했다. 그렇지만, 구멍이 깊어서 쉽사리 잡을 수가 없다. 게 한 마리 잡으려면 한참 동안을 몸부림을 쳐야 했다. 그래도 시간이 흐르면서 요령이 생겼다. 세 시간 정도 쉬지 않고 잡았더니 제법 많은 양이 잡혔다. 앞에 있는 친구의 얼굴에 펄 흙 묻어있어 그 모습이 우습기가 짝이 없다. 서로 상대 얼굴에 펄 흙을 묻히고 마주 바라보며 한바탕 신나게 웃어 제꼈다. 배가 고파 이른 점심을 먹고서 잠깐 휴식을 취했다.

오후에 두어 시간가량 땀 흘리며 부지런히 농게를 잡고 있으니 바닷물이 들어왔다. 이제는 게 잡는 요령도 늘었는데 더는 게를 잡을 수가 없으니 아쉬웠다. 오전에 잡은 것과 함께 모아서 짐을 꾸렸다. 잡는 게 더뎠지만, 부지런히 움직인 보람이 있어 제법 잡은 양이 적지는 않다. 일행과 아쉬운 마음으로 서해 갯벌을 떠나 집으로 향했다. 돌아오는 길에 원천 마을을 지나 왕심마을 옆 언덕에서 잠시 쉬어가기로 하였다.

때는 맑고 푸른 가을이라 벌판은 벼가 누렇게 익어가고 밭에는 온갖 작물들이 수확을 기다리고 있었다. 잠시 배고픔을 이겨 보려고 언덕 위에 있는 고구마밭에 들어가 고구마를 몇 뿌리 캤다. 그리고 하나씩 밭둑 풀에 닦아서 베어 먹으니 배고픔이 싹 가신다. 그런데 고구마를 캐 먹고 있는 모습을 본 주인이 우리 일행을 불렀다. 꼼짝없이 현장범으로 붙잡힌 것이다. 아무 생각 없이 남의 밭에서 고구마를 캐서 먹었으니 분명 죄를 지은 것이다. 그 어른에게 무릎을 꿇고 잘못했다고 용서를 청했다. 다행히도 주인아저씨가 너그러이 용서를 해주었으니 망정이지 잘못하면 크게 낭패를 당할 뻔했다.

집에 도착하니 저녁이 다되었다. 잡아 온 농게로 게볶음을 만들어 먹어야겠다는 생각으로 게를 깨끗이 씻은 뒤에 어머니께 물어가며 솥에 넣고 볶았다. 빛깔이 붉게 볶아져 아주 먹음직스럽게 보였다. 그 농게를 반찬 삼아 저녁을 맛있게 먹었다.

저녁 9시쯤이나 되었을까. "아이고, 배가 아파 죽겠다." 속이 뒤틀리고 배가 찢어지는 느낌으로 식은땀이 줄줄 흘렀다. 방 안에서 이리 뒹굴고 저리 뒹굴며 통증 때문에 도저히 견딜 수가 없다. 이러다 정말 죽을 것 같다는 두려움이 밀려왔다. 어머니께서 놀라시며 마을에 사는 의사 선생님을 부르니 오셔서 곧바로 주사를 놓아주셨다. 그런 뒤 얼마나 지났을까 통증이 가셨다. 아, 이제야 살 것만 같다. 이런 고통은 처음 당해 보았다.

그날 저녁 게볶음을 먹고 크게 혼이 난 뒤로, 나는 20여 년 동안이나 게로 만든 음식은 거들떠보질 않았다. 보기만 해도 그때의 고통스러웠던 생각이 되살아났다. 게로 만든 음식을 먹고 당한 트라우마 때문이었다.

그때를 생각하면 지금도 잔잔한 추억과 함께 어리석었던 순간들이 내 기억 속의 한편에서 꿈틀거리고 있음을 느낀다. 농게를 잡으러 처음 바다라는 곳을 가보았고, 또 남의 밭 고구마를 생각 없이 캐 먹다가 밭 주인에게 혼이 났으며, 그리고 농게볶음으로 처음으로 생과 사를 오갔던 일들은 지금도 잊히지 않는 추억으로 남아있다.

(2016. 6. 6.)

잠깐 동안의 이별

사랑하는 사람과 함께 살다 보면 가끔은 서로에 대한 소중함을 잊어버리고 산다. 이는 물과 공기가 우리에게 없어서는 안 될 소중한 것이지만 너무도 흔하다 보니, 그 고마움을 잊고 사는 것과 마찬가지인 것 같다. 1986년 3월부터 1년 반 동안, 나는 아내가 소중하다는 것을 절실히 느끼는 아주 소중한 경험을 하였다.

전남교육청은 도서벽지가 많은 관계로, 초중등 교사들이 급지가 같은 지역에서 15년 이상을 근무할 수 없도록 인사원칙을 정해놓고 있었다. 그래서 급지가 같은 지역에서 15년을 근무하면 반드시 타 시군지역으로 이동을 해야만 한다. 나의 아내도 이러한 인사원칙 때문에 그동안 여건이 좋은 지역으로 옮기려고 갖은 노력을 다했으나 그 뜻을 이루지 못하고, 장성군에서 15년 만기가 되어 저 먼 해남군으로 발령을 받았다.

정읍에서 장성이 아닌 그 먼 해남까지 출퇴근할 수는 없는 일이라서, 아내는 큰애와 함께 해남으로 떠나야만 했다. 결혼한 뒤 처음으로 겪어 보는 이별이라, 내 마음은 고통과 혼란으로 가득했다. 어머니와 둘째 그리고 이제 세 살 된 막내 아이를 데리고 어떻게 지낼 것인가 하는 문제와 연약한 아내가 큰애와 함께 낯선 타향에서 교직 생활을 어떻게 감당해낼 수 있을 것인가 하는 문제로 밤잠을 이룰 수가 없었다.

학년 초라서 나도 직장에서 눈코 뜰 새 없이 바쁜데 둘째 아이는 초등학교에 입학하고, 또 아내는 큰애와 멀리 해남에서 생활하고 있으니, 자나 깨나 해남의 아내와 이곳 정읍의 생활이 내 마음을 산란케 하였다.

1주일 보내고 아내와 큰애가 집에 오는데 어찌나 반갑고 마음이 찡하던지? 그렇게 만나 함께하는 토요일과 일요일 오전은 어떻게 보냈는지 모를 정도로 빠르게 지나갔다. 다시 헤어질 시간이 되니 또다시 내 마음 한구석을 아쉽고 서운한 마음이 짓눌렀다. 아픈 마음을 달래가며 또다시 아내와 큰애를 떠나보내야만 했다. 그리고 나는 엄마를 떠나보낸 둘째와 셋째를 달래려고 애를 써야만 했다.

3월 두 번째 주말이 되어 이번에는 내가 둘째 아이를 데리고 광주, 나주, 영암을 거쳐 해남까지 무려 5시간을 버스를 타고 달렸다. 또다시 해남에서 군내 버스를 타고 40분가량 가니 아내가 근무하는 마산북 초등학교가 나왔다. 1주일 만의 만남이지만 마음속에는 짠한 아픔이 솟는다. 하지만 이렇게 해남까지 와서 아내와 큰애를 만난다니 한편으론 기쁘기 그지없었다. 그런데 학교 인근 마을에 있는 아내가 기거하는 집은 어설프기만 했다. 어떻게 2주일 동안을 견뎠는지 모르겠다. 앞으로 이곳에서 아내와 큰애가 살 일을 생각하니 참으로 마음이 무겁고 크게 걱정이 된다.

해남에서 하룻밤을 보내고 아내가 근무하는 학교에 나가 큰애, 둘째와 함께 학교를 둘러보았다. 아담하고 잘 정돈된 시골 학교다. 아내는 일직이라서 나는 두 아들과 가까운 바닷가에 나가 구경도 하고 굴도 따며 즐거운 시간을 보냈다. 하지만 점심을 먹고 또다시 헤어져야만 했다. 짐을 꾸린 뒤, 아내와 큰아이를 위로하며 1주 뒤에 다시 만날 것을 기약하고 학교를 떠났다.

헤어지려니 그렇게 마음이 아프고 고통스럽다. 이런 아픔은 예전에는 미처 느끼질 못했다. 이산가족들의 아픔을 이제야 조금은 알 것 같다. 다시 해남에서 버스를 타고 영암, 나주, 광주에 도착하여 다시 버스를 갈아타고 정읍으로 오면서 허전하고 쓸쓸한 마음을 짓누르며 둘째를 데리고 왔다. 감기까지 걸린 내 눈은 어느 사이엔가 붉게 충혈되어 있다.

이렇게 고통스러운 나날을 보내다 보니, 어느새 5월이 되었다. 장인어른 생신이 되어 나와 아내는 아이들과 함께 장성 처가에 갔다. 생신잔치에 들렀다가 헤어질 때가 되어 우리 일행은 장성읍 버스정류장으로 나왔다. 그곳에서 우리는 또다시 헤어져야만 했다. 아내와 큰애를 먼저 보내고, 버스에 올라 둘째와 내 품에 안긴 셋째 아이를 바라보니, 너무도 마음이 처량하고 안타까운 마음 그지없다. 버스를 타고 정읍으로 돌아오면서 아직 철모르는 셋째가 엄마와 헤어져 내 품 안에서 잠들어 있는 모습을 보니, 어미를 잃은 강아지를 보는 것만 같아 짠한 아픔이 솟구쳐 오른다.

1년 반 동안 아내와 헤어져 지냈던 일은, 30여 년이 지난 지금 생각해보아도 내 가슴을 찡하게 한다. 이별, 그것도 잠깐 동안의 이별인데 마음이 아프고 그리도 눈물이 나던지, 오랜 세월이 지난 지금도 잊히지 않는다. 우리에게는 그동안 많은 이별이 있었고, 앞으로도 또 많은 이별이 예정되어 있다. 지금도 그때의 이별을 생각하면, 이별은 한없이 나에게 서글프고 두려운 마음으로 다가온다.

(2016. 06. 29.)

선풍기가 가져다준 작은 행복

내가 약혼했던 1976년 여름방학 때로 기억한다. 나는 약혼녀인 지금의 아내를 만나기 위해 장성에 갔다. 더위가 한창 기승을 부리던 시기에 그녀의 조그마한 자취방을 찾았으니, 약혼녀인 그녀는 매우 신경이 쓰였던 모양이다. 같이 시내에 나가자고 하더니, 그때만 하더라도 여간해서는 사기가 어려운 선풍기를 비싼 가격으로 사는 게 아닌가? 그것도 그 시절에 가장 알아주는 금성 선풍기로 말이다.

그 당시만 하더라도 시골에서 무더운 여름철이면 더위를 이겨내기 위한 최고의 방법이 바로 부채를 사용하는 것이었다. 시골에서는 더위를 이겨내고자 멱을 감거나 등목을 하고서, 그늘진 평상이나 대청마루에서 휴식을 취한다거나, 짚이나 밀대로 만든 부채를 이용하여 더위를 쫓는 것이 일상이었다. 그런데 짚이나 밀대로 만든 무거운 부채를 사용하는 것은 힘겨운 일이었다. 그렇지만 그런 부채를 이용하면 파리나 모기도 쫓고, 더위도 물리칠 수 있으니, 무더운 여름을 나는 데는 그만한 게 없었다. 초저녁 무렵에는 모기도 쫓고 더위도 피하고자 마당에 모닥

불을 피워놓고 부채질을 하는 것이 가장 좋은 피서 방법의 하나였다.

그런데 난생처음 금성 선풍기와 마주하게 된 것이다. 그러니 선풍기로 더위를 식히는 맛이란 모든 잡념이나 고통 같은 것들을 일시에 저만치 몰아내 버리는 것과 같은 시원함 바로 그것이었다. 특히 약혼녀와 함께 앉아서 선풍기의 시원하고 상큼한 바람을 맞으며 대화를 나누는 맛이란 어렵고 고단한 삶에서 벗어나 우리만의 안락하고 행복한 세상으로 여행을 떠나온 듯한 바로 그런 기분이었다고 해야 할까. 당시만 해도 여름이면 무더위에 지쳐 '어떻게 하면 이렇게 무더운 여름을 잘 버티어내지?'라고 걱정하며 모두가 어렵게 살아가던 시절이었다. 그때 선풍기는 마치 더위는 물론이고, 모든 근심 걱정거리까지도 해결해주는 구세주처럼 느껴졌다.

우리 집에서는 감히 생각하지도 못했던 선풍기를 약혼녀인 그녀의 집에서 마음껏 쐴 수가 있다니 너무도 감격스럽고 행복했다. 선풍기와 함께한다면 무더운 여름쯤은 대수이겠냐는 생각이 들었다. 하지만 약혼녀와 함께 며칠을 보낸 뒤에 정읍으로 돌아오려니, 이제 또 무더위를 부채와 함께 씨름하며 이겨내야 한다는 현실이 걱정이 아닐 수 없었다. 우리 집에는 종이부채와 짚으로 만든 부채밖에는 더위를 물리칠 수 있는 것들이 없었으니 말이다.

옛사람들은 부채를 이용하거나, 가장 무더운 삼복더위에는 삼계탕이나 복탕을 먹으며 이열치열의 방법으로 더위를 물리치며 살았다. 그러다가 많은 연구와 노력 끝에 1800년대 후반, 미국의 엔지니어인

휠러 박사가 선풍기를 최초로 만들어 사용하게 되었다고 한다. 세상에 처음으로 나온 선풍기는 양날 데스크 선풍기로 보호 케이스가 없어서 다소 위험한 제품이었다. 그것도 처음에는 소량으로 생산되어 부유한 사회계층 사람들의 사치품으로 애용되었다고 한다. 그러다가 1920년대 이후에, 비로소 대량생산이 가능해져 일반 시민들도 사용할 수 있게 되었단다. 요즈음에는 제트엔진 원리를 이용한 날개 없는 선풍기는 물론이고, 각종 다양한 선풍기들이 생산될 뿐만 아니라 에어컨이 대세가 되었다.

요즘 주위를 살펴보면, 에어컨이 없는 가정은 거의 없다. 다만 에어컨을 사용하려면 전기세를 많이 낼 각오를 하지 않으면 안 된다. 그래도 제습 또는 송풍 단계에 스위치를 놓고 사용하면, 전기요금을 다소 줄일 수 있다. 그리고 선풍기와 함께 사용하면, 더욱 시원하게 전기세도 절약하며 쓸 수 있다. 올여름같이 무더위가 기승을 부리면, 선풍기만으로 더위를 이겨낸다는 것은 도저히 어려울 것이다. 그렇지만 에어컨을 사용하면 더위를 쉽게 물리칠 수 있을지는 몰라도, 선풍기처럼 그런 낭만을 느낄 수 없을 것 같다. 아무리 무덥고 이겨내기 어려운 여름철이라고 하더라도 거실에 돗자리를 펴놓고, 시원한 물로 몸을 씻은 뒤에, 수박을 먹어가며 선풍기로 더위를 식히는 여유를 부릴 수만 있다면, 그것이 나는 더 좋을 것 같다.

요즈음 우리는 너무 풍요롭고 편안한 시대를 살고 있다. 우리의 자녀나 후세들은 이렇게 편안함만을 추구하며 살다가 너무 무기력해지지 않을까 걱정이다. 우리 세대처럼 어려운 일에도 맞부딪쳐 이겨내고, 체력도 튼튼히 다지면서 문명의 혜택을 최대한 누리며 살아간다면 더 좋을 것이다. 만에 하나라도 갑작스러운 비상사태가 발생했을 경우, 그들이 그런 어려움을 어떻게 헤쳐 나갈 수 있을 것인가 염려가 된다.

나는 지금도 여름철 이맘때면, 약혼 시절 장성 대창동 전셋집 조그마한 방에서 지금의 아내와 함께 선풍기로 무더위를 쫓던 그 시절을 잊지 못한다. 사랑과 낭만이 함께한 그 시절에 선풍기가 나에게 가져다 주었던 작은 행복은, 지금도 내 마음속 깊은 곳에 즐겁고 행복했던 추억으로 잔잔히 남아 있다.

(2016. 08. 04.)

영화 〈덕혜옹주〉를 보고서

유난히도 무덥고 짜증나는 여름이다. 온 세상이 열탕 속에서 허우적거리고 있는 것 같은 느낌이다. 더위도 피하고 교양도 넓힐 겸 해서 아내와 영화 덕혜옹주를 관람하기 위해 극장을 찾았다.

이 영화는 구한말 고종의 딸인 비운의 황녀 덕혜옹주에 대한 삶을 그렸다. 배우 손예진이 덕혜옹주 역을 맡았고 어릴 적 친구 김장한 역으로 박해일이 열연하며, 덕혜옹주의 시종 복순은 라미란이, 영친왕은 박수영, 김장한의 후배 복동은 정상훈, 일본인 앞잡이 한택수는 윤제문 등이 조연으로 가세해 열연을 펼치며 관객의 흥미를 이끌었다.

덕혜옹주는 일본의 국권침탈로 나라를 잃은 그 이듬해에 고종황제와 귀인 양 씨 사이에 태어난 마지막 조선의 황녀다. 국권을 일본에게 넘긴 고종황제는 그나마 덕혜옹주를 보는 것이 유일한 낙이었다. 헤이그에 특사를 보내고 왕으로서 국권을 되찾고자 은밀히 노력을 다하지만 이완용을 비롯한 친일파들의 감시 아래서 이러지도 저러지도 못한다. 고종은 영친왕 이은처럼 덕혜옹주가 볼모로 일본에 보내지거나 일본인과 정략결혼을 강요당할 것을 염려해 시종 김황진의 조카 김장한과 비밀리 약혼을 계획하지만 일본의 방해로 실패하고 만다. 침략자 일본과 그들의 하수인인 친일파의 입장에서는 국권을 되찾기 위해 애쓰는 고종은 눈엣가시다. 그래서 고종을 은밀히 독살한다.

갑작스러운 고종황제의 승하로 덕혜옹주는 어머니 양 귀인의 보호 아래 생활하면서 교육을 받는다. 친일파 황실 담당자로부터 일거수일투족 감시와 간섭을 받으면서도 옹주로서 품위와 권위를 지키려고 애쓰는 모습은 보는 이의 마음을 애처롭게 한다. 옹주가 열네 살 되던 해, 이왕직 차관은 순종에게 덕혜옹주가 신식교육을 받기 위해 일본유학을 가도록 결정되었음을 통고한다. 이에 옹주는 반대하지만, 어머니 양 귀인에게 피해가 간다는 협박에 그만 두 손을 들고, 일본유학을 강요하는 그들의 뜻에 따른다.

일본에 유학한 옹주는 학교생활에 적응하고자 애쓰며, 독살을 염려한 나머지 손수 보온병에 물을 넣어서 가지고 다니면서 물을 마시는 등 자신을 보호하기 위해 애쓴다. 그러던 어느 날, 일본에서 아리따운 숙녀의 모습으로 성장한 옹주에게 어릴 때의 친구 김장한이 일본군 장교가 되어 나타난다. 덕혜옹주는 김장한에게 실망한 나머지 쌀쌀하게 대한다. 그러나 김장한은 일본 육사를 우수한 성적으로 졸업한 엘리트 장교이지만, 은밀히 조국의 독립을 위한 지하조직에 참여하고 있는 독립운동가다. 차츰 이 사실을 알게 된 덕혜옹주는 기쁜 마음으로 그를 만나게 되고, 조선의 독립을 위한 활동에도 관심을 갖게 되며,

조국과 조선 백성들을 위해 자신이 도움을 줄 수 있는 것이 무엇이며 어떻게 하면 도울 수 있는가에 대해 관심을 갖게 된다.

일본은 덕혜옹주에게 파업을 벌이고 있는 조선인 노동자들을 설득하면 귀국해 어머니를 만날 수 있게 해주겠다고 말한다. 그들 이야기에 마지못해 응하여 노동자들을 설득하고자 연단에 섰으나, 강제노동으로 손가락이 잘리거나 상처투성이인 노동자들을 보고서, 차마 일본인들이 요구한 연설을 할 수가 없다.

옹주는 우리말로 "동포 여러분! 얼마나 고생이 많으십니까? 빼앗긴 들에도 봄은 찾아옵니다."라고 말하며 끝을 맺지 못한다. 옹주의 연설을 듣는 그 순간, 나도 그녀의 마음이 헤아려져 가슴이 뜨거워지고 뭉클해짐을 느꼈다. 그녀의 말에 그곳에 모인 노동자들이 손뼉을 치고 〈아리랑〉을 부르며 단합된 모습을 보이자, 일본 헌병들이 동포들을 강압적으로 해산을 시킨다. 그 뒤 옹주의 주변에는 감시가 더욱 강화된다. 그런 가운데 상해 임시정부와 도쿄에 있는 지하조직으로부터 영친왕 내외와 덕혜옹주를 은밀히 상해로 모셔가기 위한 계획이 세워진다. 그런데 영친왕 일행을 모셔가려던 계획은 실행 과정에서 일본군들에게 발각되어 안타깝게도 그만 실패하고 만다.

그 뒤에, 일제는 덕혜옹주를 대마도 번주 소 요시아키라의 양자로, 백작의 지위를 계승하는 도쿄 제국대학 영문과 3학년인 소 다케유키와 결혼시키기로 한다. 1931년 5월 6일, 도쿄에서 결혼식을 올린 옹주는 결혼 초부터 완전한 실어 증상을 보이며, 조현병이 상당이 진행

되고 있다. 해방되어 꿈에 그리던 조국에 돌아오고자 했으나, 이승만 정부에서는 왕정복고를 염려한 나머지 왕족들의 입국을 거부한다. 그 뒤, 조현병이 악화된 덕혜옹주는 마쓰자와 도립 정신병원에 입원하게 된다. 그런 가운데에 소 다케유키와는 이혼을 하게되고, 딸 소 마사에는 유서를 남기고 실종되는 불행을 겪는다.

그간 서울신문 도교 특파원 김을한 기자가 덕혜옹주 귀국을 추진하던 중 1961년 11월, 미국 방문길에 도교를 방문한 박정희 의장이 영친왕비와 만나 영친왕과 덕혜옹주 귀국 협조를 약속한다. 그 결과, 37년간의 일본 생활을 끝내고 마침내 꿈에 그리던 조국 대한민국에 영구 귀국을 하게 된다. 귀국한 뒤에, 옹주는 병마와 싸우는 가운데 여생을 편안한 마음으로 조용히 살다가 1989년 4월 21일, 78세를 일기로 한 많은 생을 마감한다.

영화 덕혜옹주는 영화로서의 재미를 더하기 위하여 실제 내용과는 거리가 있는 픽션도 일부 가미했다고 한다. 조선의 마지막 황녀로서 모든 것들을 박탈당한 채 평생을 감시와 간섭 아래서 병마와 싸우며 파란만장한 삶을 산 옹주의 불행한 모습을 보며 너무나 안타깝고 서글펐다. 이 영화를 통해 우리 조부모, 부모세대들이 얼마나 고단하고 힘든 삶을 살았는지를 다시 한번 되돌아보는 기회가 아니었던가 싶다. 그러면서 국가의 존재가 우리에게 얼마나 소중한 것인가를 다시 한번 깨달을 수 있었다.

지금 우리는 옹주와는 달리 자유롭고 평화스러운 대한민국의 국민으로서 잘살고 있다. 이것은 수많은 애국지사와 선열들의 희생과 우리 조부모, 부모세대의 피땀이 있었기에 가능했다는 것을 결코 잊어서는 안 될 것이다. 우리 모두 나라를 지키고 발전시키는 데 최선을 다해 평화롭고 번영된 나라를 후손들에게 물려주어야 할 것이다.

(2016. 08. 19.)

부모의 마음

오랜만에 천안에 있는 큰아들 집에 다녀오기로 했다. 지난 2월 말에 다녀온 뒤 7개월이 지났다. 지난 5월에 큰아들은 새로 집을 사 이사했다. 그때 큰아들 집에 다녀왔어야 했는데 그러질 못했다. 그런데 합동 제사와 아내 생일, 그리고 추석 명절을 지내며 큰아들과 며느리 그리고 손녀는 우리 집에 다녀갔는데, 나와 아내는 큰아들 집에 갈 수가 없었으니 너무나도 미안했다. 일주일이면 적어도 한 번씩은 영상 통화를 하면서 안부를 묻고, 귀여운 손녀와 대화를 나누곤 하였다. 그렇지만, 왠지 마음의 여유를 갖지 못했었다. 굳이 못 간 이유를 들라면 내가 수술을 했고, 또 아내에게도 그럴 만한 사정이 있었다.

점심을 먹은 뒤에 아들 내외와 손녀에게 줄 과일과 아내에게 필요한 물건을 준비한 뒤, 승용차로 천안을 향해 출발하였다. 하룻밤 자고 올 계획을 세우고 떠나므로 여유를 가지고 이동하였다. 큰아들에게 전화하니 천천히 올라오라고 한다. 그래서 정안휴게소에서 오랜만에 따뜻한 햇볕을 쬐며 아내와 나는 주변을 산책했다. 휴게소에서 한참을 쉬고 난 뒤에 출발하여 다섯 시쯤에 치과에 도착하였다. 그곳에서 아내와 나는 치과 치료를 받았다. 아내는 이 하나가 뿌리 부분이 삭아서 이를 뽑아야 했다. 그리고 6개월쯤 지나 임플란트를 하기로 하였다. 진즉 왔더라면 이를 뽑지 않아도 되었을 텐데 후회가 되었다.

그사이에 며느리가 손녀를 데리고 치과에 왔다. 손녀를 보니 그렇게 반가울 수가 없다. 이제 네살인데 전화를 이용해서 간단한 의사소통은 무리 없이 할 수 있다. 할아버지인 나보다는 할머니를 더 따른다. 할머니가 더 자상하고 어린아이의 입장을 고려하여 대화에 응해주니 할머니가 더 좋은 모양이다. 내 입장에서는 서운하지만 어쩔 수가 없다.

치과를 나와 며느리와 손녀, 그리고 우리는 큰아들 집으로 향하였다. 새로 이사한 뒤에 처음으로 와보는 집이라 도착하자 곧바로 집안 구경을 하였다. 이전에 살던 전셋집과 규모는 비슷하지만 구조가 더 나은 것 같다. 옷이나 침구 등을 넣을 수 있는 붙박이 농이 여러 개 있어서 참으로 편리할 것 같다. 아들이 퇴근한 뒤에 며느리가 차려준 음식을 맛있게 먹고서 손녀와 놀이도 하고 이야기도 나누며 즐거운 시간을 보냈다.

이튿날 아침 일찍 며느리는 출근하고, 아내가 준비한 음식으로 아침 식사를 간단히 마친 뒤에 아들은 손녀 아이를 어린이집에 데려다주고 출근했다. 오전에 아내와 나는 방안 정리를 대충 마무리하고 휴식을 취했다. 아들이 점심을 사주어 맛있게 먹고, 아내와 함께 천안을 출발 정읍으로 향했다.

집으로 돌아오면서 생각해 보니 오랜만의 나들이가 참으로 보람 있고 행복한 시간이었다. 큰아들 내외가 참으로 기특하고 장하게 느껴졌다. 이제 겨우 결혼한 지 5년 지났는데, 치과 운영도 그런대로 잘하고, 새로 집도 마련하였으니, 부모로서는 그렇게 고마울 수가 없다. 며느리가 복이 많은가 보다. 그동안 우리도 며느리를 딸처럼 사랑하고 귀하게 대하려고 많은 노력을 다했다. 물론 그것은 며느리가 느끼는 것과는 다른 우리만의 생각인지도 모르겠다. 여하튼 큰아들과 며느리가 잘살고 있으니 참으로 기쁘다. 하지만 둘째와 셋째 아들이 걱정되니 이게 부모의 마음이 아닌가 싶다.

사람의 욕심이란 한이 없나 보다. 큰아들이 잘하고 있으니, 다른 아들들도 큰아들만큼 잘되었으면 좋겠다는 생각이 자꾸 난다. 이것이 부모의 마음인가 보다. 항상 자녀들이 잘되기를 바라고, 행여 무슨 일이라도 있을까 자식을 염려하고, 긴장하며, 기도하고 매달린다. 아내와 나는 그 아이들도 분명히 나름대로 최선을 다하고 있으니 잘될 것이라고 믿고 있다. 그러면서 끊임없이 내가 믿는 하느님께 기도드리고 있다. 항상 긍정적인 마음을 가지고 최선을 다한다면, 틀림없이 모든 것이 다 잘될 것이라고 굳게 믿는다.

우리 부모님께서도 우리 형제들을 위해 아낌없이 많은 사랑을 주셨다. 한국전쟁으로 나라가 매우 어렵던 시절 뒤에도, 자식들을 위하여 어려움을 마다하지 않으시고, 참으로 온갖 고생을 다 하셨다.

60년대 말, 집안이 어려워져 빚잔치를 한 뒤에 끼니 갈망조차 어렵던 시절로 기억된다. 어느 날, 항상 배고픔에 허덕이는 자식들을 보시고, 아버지께서는 어렵게 돼지비계를 구해 오셨다. 그날 저녁, 어머니께서 갓 지어낸 보리밥에 삶은 비계를 넣어 비빔밥을 만들어 허기를 잠시 잊을 수 있게 해 주셨다. 50년이 훨씬 더 지났지만, 그런 부모님의 자식 사랑을 지금도 잊을 수가 없다. 그때 얼마나 자식들 보기가 안쓰러우셨을까?

자식을 키우다 보니 늦게나마 조금 철이 들었는지, 이제야 부모님의 지극한 사랑을 조금은 알 것만 같다. 하지만 지금 부모님께 은혜를 갚으려 해도 이미 세상을 뜨셨거나, 연로하셔서 크게 보답할 길이 없으니 참으로 가슴이 아프다. 가끔 어렵게 살던 그때가 생각나며 그리워진다.

(2016. 10. 19.)

영화 〈택시운전사〉를 보고 나서

얼마 전에 정읍 중등 평생교육회 회장님으로부터 영화 감상 기회가 있는 데 참여할 의향이 있느냐는 전화를 받았다. '택시운전사'라는 영화였다. 마침 곁에 있던 아내에게 이야기한 뒤, 부부가 함께 관람하겠다고 전했다. 나중에 내용을 듣고 보니, 정읍노인회에서 후원하는 고마운 행사였다. 드디어 영화를 감상하기로 한 날, 아내와 함께 극장에 들어서니 여기저기에서 많은 분이 반가워한다.

1980년 5월, 서울에서 택시기사로 일을 하며 하나뿐인 딸과 성실하게 살아가는 만섭이 주인공이다. 하지만 그는 사글세가 자그마치 10만 원이나 밀려있는 탓에 집주인 아줌마로부터 온갖 핀잔을 다 듣는다. 그러던 어느 날, 절친 상구와 기사 식당에서 밥을 먹던 도중 뜻하지 않은 돈벌이 기회를 엿듣는다.

바로 전라도 광주까지 내려갔다가 통금시간 전까지 서울에 다시 올라오면 일당 10만 원을 주겠다는 외국인 손님이 있다는 것이다. 만섭은 밀린 사글세를 단번에 갚을 절호의 찬스라고 여기며 손님을 가로채기 위해 먹던 밥도 뒤로 하고 외국인 손님이 기다린다는 장소로 달려간다. 손님은 독일 제1공영방송(ARD) 도쿄 지국에 근무하는 사진기자 위르겐 힌츠페터(피터)다. 그는 광주에서 벌어지고 있는 심상찮은 사건을 취재하려고 한다.

그런 사실을 모른 채 만섭은 짧은 영어로 피터를 냅다 차에 태우고는 광주로 내달린다. 그런데 웬일인지 광주로 들어가는 길목은 도로와 산길이 모두 군인들에 의해 막혀 있다. 간신히 군인들을 피해 시내로 들어왔으나, 길거리는 난장판이 되어 있고, 가게는 셔터가 닫혀있는 등 황량하기만 하다. 도대체 무슨 일인지 궁금함이 가득한 만섭과는 달리, 피터는 심상찮은 눈빛으로 이를 카메라로 열심히 찍기 바쁘다. 이때 한 무리의 청년들을 태우고 지나는 트럭을 발견하고, 그들을 붙잡고서 이곳에서 무슨 일이 일어나고 있는지 물어본다.

피터의 말을 알아듣지 못해 난감해하던 청년들은 영어를 조금 하는 재식에게 통역을 맡긴다. 피터는 재식 일행과 트럭을 타고, 만섭은 그들을 뒤따르다가 아들이 부상당해 병원에 있다며 울부짖는 아주머니를 태우고 적십자병원을 찾는다. 그곳에서 만섭은 피범벅이 되어 신음하는 부상자들로 가득 채워진 차마 눈 뜨고 볼 수 없는 응급실 광경을 보고 놀란다. 그리고 태술을 비롯한 광주지역 택시운전사들을 만난다.

만섭은 다시 피터와 재식을 태우고 광주역 광장으로 간다. 그곳에 모인 성난 군중들이 군인들이 물러갈 것을 외쳐댄다. 이에 군중과 대치하던 군인들이 최루탄을 쏘며 대치 중인 학생과 시민들을 총칼로 찌르고 몽둥이로 개 패듯이 내리친다. 이 모습을 보면서 어찌나 가슴이 떨리고, 울분과 분노가 북받쳐 오르는지 나 자신도 모르게 숨이 가빠지고, 두 눈에서는 눈물이 줄줄 흘러내렸다.

다시 광주 충장로 살육의 현장을 촬영하던 피터 일행을 군 사복 조장 무리가 뒤쫓는다. 그곳에서 도망치던 중 재식은 붙잡히고, 피터와 만섭은 겨우 위기의 순간을 모면한다. 만섭은 광주에서 벌어지고 있는 군인들의 살육과 무차별 폭행 장면을 카메라에 담은 피터에게 이곳을 피해 서울로 올라갈 것을 재촉한다. 그러나 피터는 만섭에게 자신은 이곳에 남겠으니 혼자서 올라가라고 한다.

만섭은 서울에 있는 딸 걱정에 광주를 떠난다. 어렵게 감시망을 피해 도착한 곳이 순천이다. 그런데 그곳에서 택시가 그만 고장 나 정비를 맡긴 만섭은 그사이, 딸 신발을 사고, 연등이 걸려 있는 절을 돌아본다. 그러면서 곰곰 생각해 보니 만섭은 광주의 일들이 마음에 걸린다. 이래서는 안 되겠다며 그는 다시 피터를 찾아 광주로 돌아간다. 만섭은 태술 아내가 말한 장소로 가, 재식의 죽음에 절망하고 있는 태술과 많은 주검을 목격하며 넋을 잃고 있는 피터를 만난다.

광주 지역신문 최 기자와 태술을 비롯한 택시기사들, 그리고 청년들이 피터에게 이곳에서 벌어지고 있는 군부의 무자비한 살상행위를 전 세계에 알려줄 것을 간곡히 요청한다. 만섭은 피터와 함께 광주 탈출을 시도한다. 외신기자가 잠입하여 광주 현장을 촬영한 사실을 간파한

군부에서는 광주에서 나가는 모든 길을 차단하고 엄중히 감시한다. 태술을 비롯한 기사들은 만섭 일행이 안전하게 탈출할 수 있도록 자신들을 희생하며 돕는다.

무사히 김포공항에 도착한 피터는 예약 비행시간을 앞당기는 방법으로 감시를 피하며 도쿄행 비행기 탑승에 성공한다. 이런 피터와 만섭, 그리고 광주의 택시기사를 비롯한 많은 사람의 희생과 눈물로 광주의 진실이 전 세계에 알려지게 된 것이다.

많은 시간이 흐른 2003년, 힌츠페터 기자는 광주 사건을 보도한 공로로 언론상을 받게 된다. 그리고 자신과 생사를 함께하며 도움을 준 택시운전사를 만섭(실제 인물 김사복)을 만나기 위해 온갖 노력을 다한다. 하지만 그는 끝내 만섭을 만나지 못한 채 세상을 떠난다.

나는 1980년 5월 장성에서 광주를 거쳐 영산포로 버스를 이용하여 출퇴근하고 있었다. 5월 20일 퇴근길에 백운동에서 시내 쪽으로 오던 중 한 사거리에서 시민들과 군인들이 대치하고 있어서 타고 있던 승객 모두는 버스에서 내려야만 했다. 그곳에서 택시를 타고 운암동 간이터미널로 이동하여 버스를 타고 장성 집에 도착할 수 있었다. 그날

"여러 명의 학생과 시민들이 총에 맞아 숨졌소."

라는 택시기사의 가슴 아픈 이야기를 들으면서 마음속 깊은 곳으로부터 치솟는 분노를 삭여야만 했다.

그리고 한동안 버스 길이 차단되어 장성에서 영산포까지 기차로 출퇴근을 할 수밖에 없었다. 시민들과 학생들의 주검이 안치된 장소에

다녀온 직장 동료들은 그 처참한 광경을 우리에게 전해주었다. 그런데 나는 아무것도 할 수가 없었고, 또 그런 사실을 누구에게도 함부로 발설할 수도 없었다.

나는 이 영화를 보고서 피터와 만섭 그리고 광주의 시민들에게 참으로 부끄러운 생각이 들었다. 정말 그들에게 많은 빚을 진 것만 같다는 생각이 들었다. 영화 〈택시운전사〉는 정의란 무엇이고 어떻게 살아가야 할 것인가를 우리 모두에게 제시해주는 감명 깊은 영화였다.

그런데 '왜 김사복 씨는 힌츠페터 기자를 끝내 만나려고 하지 않았을까?'라고 생각하며 몹시 궁금했다. 그 이유는 최근 그의 아들 김승필 씨가 방송에 출연함으로써 밝혀졌다. 평소 인권과 민주화에 관심이 많았던 김사복 씨는 안타깝게도 1984년 간경화로 별세했다고 한다.

(2018. 5. 30.)

제7부

제1차 세계대전의 도화선, 라틴 다리에 가다

—발칸반도 여행기

사라예보의 한 호텔에서 하룻밤을 묵은 뒤에, 아침 일찍 식사를 마치고 시내 관광에 나섰다. '유럽의 화약고'라 불리는 발칸지역에서도 그 중심에 있기에 복잡한 역사를 간직하고 있는 사라예보는 성당과 모스크, 정교회, 그리고 시너고그*가 지척에 위치한 유럽의 유일한 도시란 점만 보아도, 이 도시가 얼마나 복잡하고 다양성을 지닌 도시인지를 알 수 있을 것만 같았다.

8시쯤 시내로 나가니 직장에 출근하느라 시민들이 바쁘게 움직였다. 우리 일행은 버스에서 내려 사라예보 도심을 흐르는 밀야츠카강을 찾았다. 밀야츠카강은 우리네 시내처럼 강폭이 좁고 물이 맑으며 깨끗했다. 그 강물 아래로 하얗고 조그마한 조약돌들이 반짝이며 서로 다정히 속삭이는 듯 보인다. 강변을 따라 이어진 도로변에는 대리석으로 된 깨끗한 건물들이 늘어서 있다. 시내 중심 방향으로 강변을 따라 내려가니, 바로 1차 세계대전 발발의 도화선이 되었던 라틴다리가 나

* 시너고그(synagogue): 유대교에서, 집회와 예배의 장소로 쓰는 회당.

왔다. 얼마 전에 보수가 되었는지 아치형의 라틴다리는 그 아래로 흐르는 맑은 강물에 제 모습을 드러내 보이며, 100여 년 전 아픈 역사의 현장을 지키며 묵묵히 서 있다.

1878년, 오스트리아-헝가리 제국이 이 지역에서 튀르크를 축출하고, 1908년 보스니아 헤르체고비나를 공식적으로 합병하였다. 그러자, 이곳에서는 믈라다보스나 저항운동이 전개되었다. 그런 가운데 1914년 6월 28일, 오스트리아-헝가리 제국의 왕위 계승권자인 프란츠 페르난디트 대공 부부는 군사훈련에 참관하기 위하여 이곳 사라예보를 찾았다. 그런데 바로 이 라틴다리에서 세르비아 청년 가브릴로 프린치프가 왕위 계승자인 프란츠 페르난디트 대공과 그의 부인을 암살한 것이다. 이것이 원인이 되어 오스트리아-헝가리 제국은 세르비아에 전쟁을 선포함으로써 제1차 세계대전이 발발하였다. 그날 사건의 진행 과정을 살펴보면 프란츠 페르디난트 대공은 죽지 않을 기회가 여러 번 있었다고 한다. 그런데 불행하게도 암살되었다고 하니, 역사의 아이러니라고나 해야 할지 모르겠다.

라틴다리를 돌아본 뒤에, 튀르크인들이 만들었다는 바슈카르즈지아* 에 들렀다. 그곳에는 지금도 민속 공예품점, 옷가게, 잡화점 등 많은 가게가 있어서 사람들로 붐볐다. 그곳에서 조금 더 걸어가니 유적 발굴터가 나왔는데, 발굴 현장 건축물들의 모습으로 보아, 이곳이 매우

* 바슈카르즈지아: '중앙 시장'이라는 뜻의 터키어인 바슈카르즈지아는 사라예보의 상징과도 같은 곳으로, 서방의 기독교 문화와 동방의 이슬람 문화가 절묘하게 맞닿아 있는 것을 실감할 수 있는 장소이다.

번화한 거리였을 것 같다. 이어서 보스니아 정교회와 로마 가톨릭 대성당을 둘러보았다.

대성당 앞 정원에서 잠시 휴식을 취한 뒤에 가던 방향을 되돌려 이슬람 건축물 중 가장 대표적이라는 1530년대 건축된 가지 후스레프 모스크에 들렀다. 이 모스크는 보스니아를 통치했던 터키인으로 모스크와 학교, 도서관 등 많은 시설물을 짓는 등 사라예보 발전에 큰 공헌을 한 가지 후스레프 베그의 시신을 안치한 석관이 있어서 유명하다고 한다.

이어서 세빌리 샘이 있는 구시가지 중심인 바슈카르즈지아 광장을 지나서 카라반의 숙소로 사용되었던 모리차한에 들렀다. 16세기 후반에서 17세기 초에 건축된 모리차한은 1층은 물품 보관창고와 말, 낙타의 마구간이 있고, 2층에는 40여 개의 방이 있는데 상인들의 숙소로 사용되었다고 한다. 얼마나 튼튼하게 건축했었던지 지금도 1층은 상점으로, 그리고 2층은 변호사 사무실이나 회의실로 사용하고 있다니 그저 놀라울 뿐이다.

마지막으로 재래시장 이곳저곳을 둘러보며 관광을 하고 있는데, 일행 중 한 여성이 여권과 돈이 들어있는 백을 잃어버렸다며 걱정을 한다. 가이드를 중심으로 우리 일행은 이 문제를 어떻게 해결할 것인가 고민했다. 여권을 다시 만들려면 대사관이 있는 크로아티아 수도로 가야만 한다는데 이만저만 걱정이 아니었다. 결국, 백을 잃어버린 분이 자그레브로 가기로 결정한 뒤 버스가 있는 곳으로 돌아왔다. 그런데 떠나려고 짐을 챙기던 그녀가 백을 찾았다며 큰소리로 외친다. 우리 모두 어찌나 기쁘던지 그녀를 향해 박수를 보내고 환호하며 안도의 한숨을 내쉬었다. 그런 뒤부터 나는 항상 일행들의 뒤를 따르며, 행여 그들이 짐이나 귀중품을 잃어버리지 않도록 지켜보면서 여행을 하였다.

제1차 세계대전이 발발하게 되면서 사라예보와 라틴다리는 세계인의 이목을 집중하는 도시와 명물이 되었다. 그리고 다시 1990년대 내전이 일어나면서 역시 이곳은 전쟁의 위험이 항상 존재하는 지역이라는 사실을 세계에 알렸다. 그래서 항상 세상 사람들은 이곳을 관심있게 지켜보며, 무슨 일이 일어나지 않기를 간절히 바라고 있다 한다.

그런데도 놀라운 것은 이곳 사라예보에 와 보니, 생각과는 달리 시민들의 모습이 밝고 활기차 보였다. 그리고 내일을 위해 바쁘게 살아가는 사라예보 시민들의 모습이 나그네인 우리에게 편안한 마음으로 웃음 짓게 하였다. 앞으로는 제발 보스니아 헤르체고비나가 우리나라와 함께 과거의 슬픈 역사를 잊고 평화롭고 안전한 나라로 발전하며 번영해 나가기를 바라는 마음 간절하다.

(2017. 11. 07.)

고난의 보스니아 헤르체고비나

—발칸반도 여행기

베오그라드 시내 관광을 마친 뒤에 우리 일행은 오후 1시가 한참 지나서야 점심을 먹을 수 있었다. 아내와 함께 중국인 식당에 도착하여 점심을 맛있게 먹었다. 잠시 휴식을 취한 뒤, 오후 3시경에 베오그라드시를 떠났다. 우리를 태운 버스는 코소보 전쟁 때 NATO군의 폭격으로 크게 부서져 흉물스러운 모습을 간직한 채 서 있는 옛 국방성 건물이 있는 도심을 벗어나, 점차 넓고 광활한 평원이 펼쳐지는 농촌 지역으로 들어섰다. 보스니아 헤르체고비나의 수도인 사라예보까지는 6시간 넘게 걸린다고 하니 아주 긴 여정이 될 것 같다.

길 양편에 늘어서 있는 농촌 마을의 모습은 3, 40여 평은 됨직한 붉은 지붕의 벽돌집과 과일나무, 화초들이 심겨 있는 잔디 정원과 자가용 주차장이 마련되어 있는 것으로 보아 우리네 농촌보다 더 여유로운 모습이다. 넓고 광활한 벌판을 한동안 달리니 국경검문소가 나왔다. 평소에는 많은 차량이 줄지어 서 있어서 국경을 통과하려면 30~40분 정도는 대기해야 한단다. 그런데 오늘은 다행히도 20분 정도 기다린 뒤에 국경을 통과할 수 있었다. 세르비아와 보스니아 헤르체고비나는 조그마한 강을 경계로 하고 있었다.

티토가 유고슬라비아 연방을 이끌었던 시절만 하더라도, 비록 민족과 종교는 다를지라도 유고 국민은 서로 이웃과 친구처럼 지내며 평화스럽게 살았다고 한다. 그런데 그가 서거한 뒤부터는 연방 내 여러 민족의 지도자들이 앞장서 내 편 네 편을 가르기 시작하였다. 그리고 1989년 소련을 비롯한 동구 공산권이 붕괴되면서, 1991년 슬로베니아, 크로아티아가 독립을 선포하였다.

이어서 1992년 초에, 다민족으로 구성되어있는 보스니아 헤르체고비나가 뒤를 따랐다. 그러자 다수의 세르비아계가 민병대를 조직하고 적극적으로 독립을 저지하자 내전이 발발하였다. 세르비아 밀로세비치 대통령은 유고 인민군과 세르비아군을 1992년부터 보스니아에 투입하여, 1995년 평화협정이 체결될 때까지 인종청소라 불릴 만한 민족 간의 잔혹한 살육과 파괴행위를 저질렀다.

국경을 넘어선 뒤에 강줄기를 따라 사라예보로 향하면서 주위를 바라보니, 도로변에 있는 마을들은 세르비아 농촌 지역과 다를 바 없는데 심하게 파손되어 있거나 총탄의 흔적이 남아 있는 집들이 목격되었다. 한동안 버스가 달리는데 저만치 언덕 위에 희고 검은 십자가 묘비가 눈에 들어왔다. 저 묘비들은 내전 당시 죽어간 보스니아인들의 무덤이라고 하였다.

어느덧 해가 지고 사위가 어두워졌다. 슬픈 역사가 강물이 되어 흐르는 보스니아 지역을 버스는 어둠을 헤치며 일행을 싣고 한동안 묵묵히 달렸다. 얼마쯤 갔을까, 잠시 주유소에 들러 버스가 주유하는 동안 밖으로 나가 바람을 쐬었다. 칠흑같이 어두운 밤이다. 주위를 살펴보니 저만치 언덕 위에 있는 민가로부터 희미하게나마 불빛이 반짝인다. 그리고 하늘에서도 수많은 별이 쏟아져 내릴 듯 반짝이고 있다. 이 밤 고요한 적막 속에서 내전 당시 숨져간 수많은 보스니아 사람들의 슬픔이 저 하늘에 별이 되어 오늘도 저렇게 반짝이고 있는 것만 같아 마음이 숙연해졌다.

사라예보까지는 아직도 두 시간을 더 달려가야 한단다. 굽이굽이 산길을 오르내리며 내달리던 버스는 저녁 9시 30분을 넘긴 시각에야 이윽고 목적지 사라예보에 도착하였다. 한밤중이라서 그런지 사라예보의 모습은 환한 불빛 아래 아주 생동감 있는 모습으로 다가왔다. 늦은 시각이라 호텔에 도착하여 여장을 풀기 전에 식당에 가 저녁 식사로 허기를 채운 뒤 침실에 들었다. 인천에서부터 25시간의 긴 여정을 마무리하는 순간이다.

참으로 비극적인 역사를 간직하고 있는 사라예보는 1992년부터 유고 인민군과 세르비아 민병대에 의해 3년간 포위되었다. 인구 45만 명의 이 도시는 내전 뒤에 30여만 명 정도만 남아 있을 정도로 수많은 사람이 희생되거나 떠나갔다. 지금도 거리와 공원 곳곳에서 그 당시의 가슴 아픈 사연들을 만날 수 있다고 한다. 그래도 사라예보는 많은 전쟁과 고난의 시절을 겪은 도시답지 않게 전쟁의 상흔은 남아 있지만, 사람들이 정도 많고 밝은 모습으로 사는 모습이 참으로 보기 좋고 마음 든든했다.

시내 관광을 마치고 우리 일행은 다음 목적지인 모스타르로 향했다. 사라예보에서 130km 거리에 있는 모스타르까지 가는 동안 에메랄드빛 네레트바강과 그 주변 빼어난 절경이 나그네의 마음을 유혹한다. 보는 이로 하여금 저절로 감탄을 자아내게 하는 기기묘묘한 바위들과 비췻빛 강물이 여행객들의 마음을 흔들어 놓아 여행을 마치고 집으로 돌아간 뒤에도 다시 이곳을 애타게 그리워하게 할 것만 같다. 우리 일행은 달리는 버스 안에서 차창을 통해 한 장면의 모습이라도 놓치지 않으려고 셔터를 눌러대지만 과연 얼마나 만족할 만한 모습을 담아냈을지 모르겠다.

아름다운 자연에 취해 있다 보니 모스타르가 머지않았다고 한다. 그런데 이곳에도 내전의 어두운 그림자가 드리워져 있어 나그네의 마음을 안타깝게 한다. 이 나라를 여행하면서 본 수많은 희고 검은 십자가의 묘비들은 얼마나 피비린내 나는 살육의 광풍이 이 나라를 휩쓸고 지나갔는지를 짐작하게 하였다.

왜 저토록 서로 소중한 목숨을 앗아가야만 했단 말인가? 우리 민족도 6 · 25라는 저렇게 무서운 전쟁을 겪지 않았던가. 도대체 민족이 무엇이며, 이념이 무엇이고, 종교가 무엇이기에 저런 불행한 일이 일어나야만 하는가. 참으로 서글픈 일이 아닐 수 없다. 지금 이 순간에도 세계 도처에서 민족 간, 종교 간, 그리고 이념의 차이 때문에 서로

죽이고 죽어야만 하는 전쟁이 계속되고 있다. 참으로 무섭고 두려운 마음 금할 길이 없다. 도대체 언제 저토록 무섭고 두려운 전쟁이 끝난단 말인가?

(2017. 11. 07.)

디오클레티아누스 황제의 꿈

—발칸반도 여행기

보스니아 헤르체고비나의 보석이라 불리는 관광도시 네움에서 1박을 한 우리 일행은 디나르 알프스 산맥을 따라 이어지는 고속도로를 달렸다. 한동안 달리던 버스가 고속도로를 빠져나와 도착한 곳은, 한때 해적들의 소굴로 유명했던 오미스다. 지금도 이 지역을 둘러싸고 있는 험악한 산들의 모습을 보면 해적들이 금방이라도 뛰쳐나올 것같이 음산해 보인다. 오미스를 잠시 둘러본 뒤에 버스는 목적지 스플리트로 향했다.

스플리트는 크로아티아 서남부 달마티아 주에 있는 도시로 아드리아해와 마주한 항구도시이며, 크로아티아에서 수도 자그레브 다음으로 큰 도시라고 한다. 스플리트는 유서 깊은 도시로서 기원전 그리스인들의 거주지로 건설되었다. 그 뒤, 로마 황제 디오클레티아누스가 자리에서 물러난 후, 이곳에 거대한 궁전을 지으면서 본격적으로 도시로서 면모를 갖추었다고 한다. 그러다가 7세기에 슬라브족이 이곳으로 들어와 정착하는 등 여러 시대를 거치면서 화려한 모습으로 바뀌었다.

제1차 세계대전이 끝난 뒤, 스플리트는 유고슬라비아 왕국에서 가장 중요한 항구도시로 개발되어 근대적인 항만 시설이 갖추어졌고 달마티아 지방의 중심지로 발전하였다. 이곳은 유네스코 세계문화유산으로 등록된 디오클레티안 궁전을 비롯한 옛 유적이 많고, 기후가 온화하고 디나르 알프스 산맥과 아드리아해가 조화를 이루어 경치가 아름답기로 이름이 나 수많은 관광객이 몰려든다고 한다.

우리는 점심식사를 위해 시 외곽으로 나갔다. 바로 인근에선 지역주민들이 가득 모인 가운데 청소년 축구경기가 열리고 있었다. 이렇게 주말마다 각 지역에서 축구경기가 열리는데 그 열기가 대단하다고 한다. 이런 국민들의 열정이 모아져 크로아티아가 축구 강국으로 발돋움했을 거란 생각이 들었다.

점심을 먹은 뒤, 우리 일행은 유네스코 세계문화유산으로 등재되어 있는 디오클레티안 궁전에 들렀다. 로마 황제 가이우스 아우렐리우스 발레리우스 디오클레티아누스는 달마티아 지방의 살로나(Salona)에서 천민으로 태어났다. 전 황제였던 누메리아누스의 경호대장으로 복무하던 중, 황제가 페르시아 원정에서 살해당하자 284년 황제의 자리에 올랐다.

디오클레티아누스 이전의 시기를 20명이 넘는 황제가 교체될 정도로 혼란했던 시기로 '제3세기의 위기'라고 부른다. 디오클레티아누스가 황제에 즉위한 뒤에 외적을 물리쳐 방위선을 공고히 하고, 내정을 개혁하여 황제의 권한을 강화함으로써 비로소 로마 제국은 크게 안정이 되었다고 한다. 디오클레티아누스 황제는 사두 정치 체제를 도입해 거대한 로마 영토를 동서로 양분, 4명의 황제, 즉 2명의 정제와 2명의 부제가 나누어 다스림으로써 보다 효율적으로 통치할 수 있도록 하였다.

그러나 그가 로마 제국에서 가장 강력하게 그리스도교를 박해한 황제였다는 점이 하느님을 믿는 나의 마음을 아프게 하였다. 그는 성물을 파괴하고, 모임을 불허하였으며, 로마 신의 제의를 수행하지 않는 사람은 사형이나 강제 노역에 처했다. 그렇게 20년이 넘는 기간을, 로마를 이끌어 오던 디오클레티아누스 황제는 문득 정치에 회의를 느끼고 어느 날 갑자기 은퇴를 선언하였다. 황제는 달마티아의 스트라툼(지금의 스플리트)으로 물러난 뒤 305년부터 316년, 생을 마감할 때까지 달마티아에서 가장 햇살이 많이 비친다는 이곳 스플리트에 거대한 궁전을 짓고 노후를 보냈다.

집권 당시에 개인 궁전에서 채소를 기르며 사는 평화로운 삶을 꿈꾸었던 황제였지만 말년이 생각처럼 그렇게 평화롭지만은 않았다. 뜻하지 않게 왕위 쟁탈전에 휘말려버린 그의 아내 프리스카와 외동딸 발레리아가 납치당한 뒤 오리엔트 지방으로 추방되어 살해당하자, 그도 지병으로 시름시름 앓다가 결국 자살함으로써 불행한 최후를 맞았다고 전해진다. 그가 황제로 재위하면서 3,000여 명이 넘는 기독교인을 순교시킨 곳이 바로 성 도미니우스 대성당인데, 아이러니하게도 그 역시 이곳에 묻혔다고 한다.

건축한 지 1700여 년이란 오랜 세월이 흘렀기에, 디오클레티안 궁전은 당시의 제 모습을 그대로 간직하고 있지는 않았다. 그렇지만 '궁전 모습의 상당 부분이 그 당시의 윤곽을 어느 정도는 유지하고 있기에 오늘날에도 저렇게 많은 관광객이 이곳을 찾고 있구나!'라는 생각이 들었다.

우리 일행은 궁전의 남쪽 입구에서 지금은 많은 상점이 늘어선 지하통로를 통해서 궁전 안쪽으로 들어갔다. 궁전 내부의 모습은 상당 부분 파손되었지만, 잘 다듬어진 대리석 기둥과 벽면에 새겨진 조각의 모습을 보면서 그 당시 궁전 건축에 동원된 수많은 사람의 피땀이 모아진 결과라는 생각에 마음이 아팠다. 궁전을 중심으로 동서남북 네 방향으로 통로를 만들고, 이곳을 중심으로 도시가 발전해나간 것 같았다. 궁전 바로 옆에는 성 도미니우스 대성당이 있고, 종탑이 있는데 그 위에 올라가면 스플리트 시내를 환히 내려다볼 수 있다고 한다. 나는 북쪽 문으로 나가 그레고리오 대주교의 동상을 본 뒤, 다시 서문 쪽으로 나와 신발과 옷을 파는 가게들을 돌아본 뒤에 해안가로 나왔다.

디오클레티안 궁전을 중심으로 붉은 기와를 머리에 인 하얀 집들이 아드리아 해변의 에메랄드빛 바다와 어우러져 한 폭의 수채화를 연출하고 있다. 나는 항구에 정박해 있는 여러 척의 대형 유람선과 화물선을 바라보며, 아름다운 아드리아 해변을 나그네 되어 홀로 걸어보았다. 바닷가 도로변 가로수 밑 벤치에는 배를 기다리는 관광객들이 떼지어 앉아 있다. 그들은 매혹적인 스플리트 항구와 아름다운 도시의 모습에 푹 빠져 있는 듯 보인다.

나는 세상을 하직하고자 했던 황제의 마지막 순간의 일그러진 모습이 출렁이는 물결 위로 드러났다 사라지는 듯한 혼란 속을 한참 동안이나 헤매었다. 그러면서 나는 '제 아무리 유능한 사람이라 할지라도 언젠가는 한 줌의 흙으로 되돌아간다는 사실을 깨닫게 된다.'는 어느 철학자의 말이, 황제에게도 예외가 아니었다는 것을 역사가 여실히 증명해주고 있음을 알게 되었다.

(2017. 12. 11.)

모스트 다리 위의 빨간 바지 사나이

두브로브니크로의 여행을 앞두고, 우리는 헤르체고비나의 중심도시 모스타르에서 이 지역 전통음식인 체밥치치로 점심을 먹었다. 수많은 관광객들로 길거리가 매우 혼잡했다. 우리 일행은 희고 검은 매끄러운 돌로 모자이크가 된 좁은 길거리를 사람들과 부딪치지 않으려고 조심조심 걸어서 네레트바강을 가로지르는 스타리 모스트 다리로 향했다.

스타리 모스트 다리는 '오래된 다리'라는 뜻으로, 1566년 오스만 튀르크 제국 술레이만 황제의 명령에 따라 당시 유명한 건축가 시난에 의해 건축되었는데, 완공 당시에는 세계에서 가장 긴 아치형 다리로 이슬람 건축의 걸작으로 평가받았다고 한다. 다리가 완공되었을 때, 스타리 모스트 다리는 길이가 30m, 폭이 5m, 높이가 24m에 이르렀다고 한다.

그런데 1993년, 불행하게도 바로 이곳 모스타르에서도 피비린내 나는 내전이 벌어졌다. 그때, 이 스타리 모스트 다리는 세르비아계

민병대와 네레트바강을 경계로 대치 중이던 크로아티아 방위군에 의해 파괴되었다. 그리고 전쟁이 끝난 뒤, 이 다리는 2004년에 유네스코에 의해 설립된 국제 과학위원회의 기부와 세계 각국의 지원으로 대부분 재건되거나 복원되었다. 재건 당시 강에서 건져 올린 1,088개의 석재 파편도 함께 사용하여 이 다리가 현재의 모습으로 바뀌게 되었다고 한다.

스타리 모스트 다리 위에는 사람들로 북적였다. 다리 위에는 40대 초반으로 보이는 빨간 바지 차림의 사나이가 다리 난간에 기대어 서 있었다. 가이드의 말에 따르면 그 사람은 관광객들을 상대로 다리 위에서 강물로 뛰어내리는 다이빙을 시연하려고 서 있는 것이란다. 우리 같은 사람들은 감히 도전하기 꺼리는 24m 높이에서 위험을 무릅쓰고 묘기를 펼친다고 하니 놀랍기도 하고 한편으로는 안타까운 생각마저 들었다. 다이빙에 성공하게 되면, 그 사람은 그런 용감함에 환호와 박수를 받게 되고, 그 광경을 지켜본 사람들은 격려 차원에서 약간의 돈을 내놓는단다. 소중한 자신의 생명을 담보로 하는 위험한 묘기 연출로 생계를 해결해 나가는 것이다. 관광객들이 특히 많이 모이는 시간이면, 어김없이 그 빨간 바지의 사나이는 다리 위에 나타나 자신의 담대한 묘기를 펼쳐 보이는 일이 어느덧 모스타르의 명물로 유명세를 타고 있다고 한다.

우리 일행에게도 가이드를 통해서 묘기를 시연하겠다는 제안이 들어왔단다. 하지만 다음 일정 관계로 우리는 그의 용감한 묘기 시연을 볼 수가 없어서 아쉬웠다. 우리 일행은 다리 위를 지나서 모스트 다리 아래쪽으로 내려가 보았다. 다리 위아래에서는 수많은 관광객이 이곳의 모습을 사진에 담아내기 위하여 연신 셔터를 눌러대고 있었다. 과거의 모든 불행은 아랑곳하지 않은 채 지금의 이 순간들을 하나라도 놓치지 않으려는 듯이 말이다.

네레트바강은 예전부터 그래왔던 것처럼 그 고유의 비췻빛을 띠며 유유히 흐르고 있었다. 20여 년 전의 불행했던 과거는 영원 속으로 띄워 보내고, 이제는 자유롭고 평화스러운 미래만을 기원하는 이곳 사람들의 바람을 알기라도 하는 듯 그렇게 묵묵히 흘러가고 있었다.

지난 1969년 최초의 한국 직업 사전이 발간됐을 때만 해도 3260개였던 우리나라의 직업은 지난해 1만 1927개까지 늘었다고 한다. 그렇지만 여전히 미국(3만 654개)과 일본(1만 6433개) 등 선진국에 비교해 직업 수가 상대적으로 적은 편이다. 그만큼 각 분야에서 새로운 직업이 생길 여지가 크다는 뜻이기도 하다.

그런데 수많은 직업 가운데서 질이 좋은 일자리를 얻으려면 -물론 그들 중에는 예외도 있겠지만- 사전에 그 직업이 요구하는 자격증을 획득하기 위하여 남다른 노력을 해야만 한다. 그런 준비를 할 수 없었기에, 저 빨간 바지의 사나이는 오늘도 자신의 목숨을 담보로 저렇게 위험을 무릅쓰고 생계를 유지하기 위하여 몸부림을 치고 있다는 생각에 너무도 마음이 아렸다.

직업에는 귀천이 없다지만, 저 빨간 바지 사나이를 비롯하여 어려운 일터에서 고생하고 있는 수많은 사람들과 오늘도 직장에 들어가기 위하여 밤낮을 가리지 않고 고생하고 있는 우리 청년들을 생각하면, 마음속 깊은 곳으로부터 착잡하고 안타까운 마음이 솟구쳐 오른다.

(2017. 12. 12.)

미당 서정주 시 문학관에 다녀와서

정읍 수필문학회에서 한국을 대표하는 최고 시인으로 알려진 미당 서정주 선생을 기리는 시 문학관에 다녀오기로 하였다. 노벨문학상 후보로 여러 번 오른 적이 있는 고은 시인은 시인으로서 서정주의 위치를

"서정주는 시의 정부政府다."

라고 표현하였다. 나라를 이끌어가는 정부로 비유할 만큼 시인으로서 대단한 분임을 그리 표한 것이다.

학창 시절 수업시간에 〈국화 옆에서〉란 시를 공부하면서 국어 선생님께서

"서정주 시인은 이웃 고창에서 태어난 분이다."

라는 이야기를 듣고 얼마나 자랑스러웠는지 모른다.

3년 전 국화가 한창 그 향기를 그윽이 품어내던 가을날, 아내와 함께 미당 시 문학관에 다녀왔었다. 그렇지만 다시 한번 꼭 찾아가고 싶던 차에, 이렇게 정읍수필문학회 회원들과 함께 갈 수 있게 되어

가슴 부푼 마음으로 그곳을 찾았다.

가을이 이우는 시기라 그런지 들녘에는 텅 빈 논과 밭들이 나그네의 마음을 허전하게 한다. 흥덕을 지나 선운사 방면으로 가다 부안면 소재지에서 북쪽으로 한동안 달리니 저 멀리 곰소항이 시야에 들어온다. 이 지역은 바다와 접해있어 줄포가 지척이고, 곰소도 그리 멀지 않은 곳이다. 인촌 김성수 선생의 생가가 있는 인촌마을을 돌아 잠깐 달리니 소요산 자락에 있는 미당 선생의 고향 질마재마을이 나왔다.

미당 시 문학관은 20세기 한국 문학을 대표하는 미당 서정주 시인의 업적을 보존, 선양하기 위하여 고창군과 제자 및 유족들의 뜻에 따라 미당 선생이 돌아가신 지 1년 뒤에 개관하였다고 한다. 미당 생전인 1997년 7월 15일 미당 시문학관 건립추진위원회를 구성하고, 1998년 6월 29일 설계를 완료하였다. 그리고 2001년 10월 1일 생가를 복원한 데 이어, 폐교되었던 봉암초등학교 선운 분교에 그가 세상을 떠난 지 1년이 다 될 무렵인 2001년 11월 3일 개관하여 현재에 이르고 있다.

시 문학관은 두 개의 전시동으로 되어있었다. 이 중 제1 전시동 1층에는 시와 사진 · 시 낭송 LP · 방명록 등이, 2층에는 복원된 서재가, 3층에는 문서와 편지 류 등의 유품이, 4층에는 발간 시집이, 5층에는 파이프 · 중절모 · 지팡이 · 훈장 등의 유품이 전시되어 있으며 6층은 전망대이다. 제2 전시동에는 친필 시 액자, 육필 원고, 서정주 시 연구 논문, 대표 시, 기타 유품 등이 전시되어 있었다. 그분의 널리 알려진

시들과 전시실에서 본 작품들을 보면서 미당 선생은 참으로 뛰어난 언어의 연금술사이었음을 다시 한번 확인할 수 있었다.

그런데 아쉽게도 전시물들은 비교적 잘 구비되어 있었지만, 한국 대표 시인이란 이름에 걸맞을 만큼 문학관의 규모나 관리 상태가 갖추어지지 않았고, 또 시문학관 홈페이지도 구비되어있지 않음을 보고 아쉬운 마음 금할 길이 없었다.

나는 그 이유를 시문학관 전시실에서 엿볼 수 있었다. 일제 치하 한 치 앞도 미래를 내다볼 수 없었던 어두운 시절에 있었던 미당 선생의 친일행적과 독재정권에 협조했던 일들이 전시실 한편을 차지하고 있었다. 빼어난 시인이었기 때문에 미당에 대한 부정적인 면이 국민의 마음을 더 아프게 했을지도 모르겠다. 그래서 많은 사람이 '미당의 시인으로서 위대함보다는 그의 인간성을 가지고 탓하고 있지 않나?'라는 생각이 문득 들었다. 참으로 아쉬운 마음 가득했다. 그는 자신의 과오를 인정하며 자신의 과오에 대해 모든 비난을 감수하겠다는 자기반성도 했다. 그렇지만 그의 피할 수 없었던 과거 잘못된 행적에 대한 반성이 오히려 변명같이 들려 더 많은 이들이 그를 비난하고 있다는 생각마저 들었다.

미당 서정주 사이트를 개설한 동국대 윤재웅 교수는

"미당 시 문학관이 개관되고도 오래도록 홈페이지도 개설하지 못하였으며 예산이 부족하고 관리가 부실하여 제 기능을 다 하지 못하고 있다."

고 밝히며 운영의 어려움을 전하고 있다. 그 이유를 미당 반대 단체들의 적극적인 시문학관 폐쇄 운동과 각종 압력, 여기에 고창군의 소극적인 태도 등이 한데 모여 20세기의 소중한 문화유산 약 2천여 점이 거의 방치 수준에 있다고 말한다. 그는

"제자의 한 사람으로서 혹은 시문학관 전시 기획을 담당한 사람으로서의 안타까운 마음 이루 말할 수 없다."

고 답답하고 안타까운 심정을 밝힌다. 그러면서

"미당 선생을 두고 20세기 한국의 최고의 시인이라고 믿는 분들이 여전히 많습니다만, 그러나 미당이 정치적 감각이 전혀 없는 천하의 천치라거나, 한때 친일 문필활동을 함으로써 민족 반역의 도덕적 범죄를 저질렀던 죄인이라고 비판하는 흐름도 자리하고 있는 게 사실입니다."

라고 현재 우리 사회의 그에 대한 두 가지 상반된 평가가 있음을 말하면서

"안타깝게도, 이러한 두 가지 상반된 평가는 좀처럼 조정되거나 화해하기 어렵습니다. 그것은 미당에 대한 평가의 문제가 일개인에 대한 문제가 아니라 우리 현대사의 매우 복잡한 문제들과 함께 얽혀있기 때문입니다."

라고 그 아쉬운 마음을 담담하게 밝히고 있다.

많은 사람이 미당 서정주 선생은 시의 본질에 누구보다도 가까이 간 시인이라고 말한다. 그의 많은 시가 우리 언어의 숲에 아름드리나무처럼 우뚝 솟아올라 있다고 말한다. 시인으로서 활동한 기간 또한

다른 문인들에 비교할 수 없을 정도로 오래다. 그래서 여러 부정적인 이야기가 있음에도 불구하고, 그의 시인으로서 생애는 그 자체로 보존하고 정리하여 기억해야 할 우리의 역사이며, 문화유산이라고 말하는 윤 교수의 생각에 나도 공감한다.

근현대사에는 우리 민족의 불행한 역사, 그리고 꿈과 희망과 비전이 함께 숨 쉬고 있다. 그러한 것들을 역사 자료를 통해 근시안적이고 비판적으로만 볼 것이 아니라 이성적이며, 포용하려는 자세로 접근하는 지혜로움이 필요하다는 주장은 과연 잘못된 생각일까?

우리 민족은 불행한 역사의 수렁에 빠져 일제의 지배를 받고, 한국전쟁을 겪으며, 또 독재정권에 휘둘리며 지난한 삶을 살아왔다. 그러한 모든 것들을 반성하며 다시는 되풀이되지 않도록 하자는 데는 어느 누가 반대할 것인가. 그렇다고 그 일로 많은 고초를 겪으며 살아온 수많은 사람에게 모든 책임을 무한정 물을 수야 없지 않겠는가? 이제는 너그러운 마음으로 서로 포용하고 감싸주며 새로운 미래를 열어간다면 얼마나 좋겠는가?

"미당의 시로 그의 처신을 덮어버릴 수도 없다. 미당의 처신으로 그의 시를 폄하할 수도 없다. 처신은 처신이고 시는 시다."
라고 한 김춘수 시인의 이야기가 우리에게 많은 것들을 시사해주고 있다.

(2017. 11. 20.)

사순 시기에 떠난 해외여행

천주교에서 '사순 시기'는 '재의 수요일*'부터 '주님 만찬 성목요일'의 주님 만찬 미사 전까지이다. 이 사순 시기에 교회와 신자들은 예수님의 수난과 죽음을 묵상하며 예수님의 부활 축제를 준비한다. 사순은 본디 40일이라는 뜻으로 성경에서는 이 숫자는 중대한 일을 앞두고 이를 준비하는 기간임을 상징한다. 주님 부활 대축일을 기쁘게 맞이하려면 이 사순 시기 동안 철저한 준비가 필요하다. 그래서 모든 신자는 이 기간에 예수님께서 십자가 매달려 돌아가시기까지의 수난과정을 묵상하며 십자가의 길을 걷고, 희생과 극기의 표징으로 금육과 단식을 실천한다. 그리고 예수님의 가르침을 되새기며 자신의 삶을 되돌아보며 반성하고 새롭게 변화하려고 노력한다.

지난해, 나는 아내와 함께 이 사순 시기에 해외여행을 다녀왔다.

---

* 재의 수요일(Ash Wednesday): 기독교에서 사순절의 시작을 알리는 교회력의 절기를 말한다. 기독교인들은 재를 이마에 바르고 죄를 고백하여 그리스도의 고난을 40일간 묵상하는 사순절 의미를 생각한다. 이때 사용한 재는 성지주일에 사용한 종려나무 가지를 태운 것으로, 로마 가톨릭교회와 개신교의 일부 교파(성공회, 루터교, 감리교)에서 지켜진다.

어떻게 보면 이 기간에는 천주교 신자로서 자신의 삶을 되돌아보며 묵상하고 희생하는 삶을 사는 것이 마땅한데 여행길에 나선 것이다. 그래서 마음 한구석에는 '과연 이렇게 여행을 떠나도 되는가?'라는 생각마저 들었다.

직장생활을 하던 시절에 우리 내외는 가끔 해외여행을 다녀왔었다. 그렇지만 퇴직한 지 5년이 다 되는데도 건강이 여의치 않아 우리는 해외여행을 다녀올 수가 없었다. 그런데 지난겨울, 건강관리에 힘썼고, 마침 주위에서 많은 사람이 해외여행을 떠난다고 하니, 우리도 이 좋은 계절에 해외여행을 다녀오는 것이 좋겠다는 생각을 하게 되었다.

그동안 건강이 여의치 못해 몸을 관리하는 데 힘쓰다 보니 여행은 생각조차 할 수 없었다. 지난겨울, 우리 부부는 매일 정읍사공원과 전북과학대학 운동장을 오가며 체력을 키우려고 노력해 왔다. 그래서 나와 아내는 아직 부족하지만 이만하면 일주일 정도 해외여행을 다녀올 수 있지 않겠느냐며 이야기를 나누곤 하였다. 그래서 택한 곳이 6박 8일로 다녀올 수 있는 발칸지역이었고, 시기는 3월 하순으로 결정했다. 막상 발칸반도 여행을 결정하고 티켓팅을 한 뒤에 생각해 보니 너무 경솔한 결정이 아니었나 싶은 후회도 되었고, 또 아내가 무사해야 할 텐데 하는 걱정이 앞섰다.

드디어 우리가 그렇게 간절히 바라고 기다리던 여행이 시작되었다. 따뜻하고 화창한 봄날이었다. 점심을 가볍게 든 우리는 간편한 여행복 차림으로 KTX를 타고 서울역을 거쳐 인천공항으로 달렸다. 오후 7쯤

되어서 공항에 도착하였다. 여행사 가이드와 일행을 만나 출국 수속을 마친 뒤에 새벽 00시 50분 비행기를 기다리고 있었다.

그런데 화장실에 간다던 아내가 스틱에 의지하고 임시로 쳐놓은 줄을 비켜 가다가 그만 넘어지고 말았다. 당시에는 별것이 아니려니 싶었다. 그런데 도하 공항에 도착하면서 상태가 심각해졌다. 혼자는 걷기가 어렵게 된 것이다. 도하에서 베오그라드행 비행기를 탈 때는 공항직원들의 신속한 도움에 별문제가 없었으나 베오그라드에서부터 아내는 나에게 의지해도 걷기가 어렵다고 했다. 모처럼 부부간에 즐겁고 행복한 멋진 여행을 꿈꾸었던 우리에게 고난의 사순 시기가 시작된 것이었다.

베오그라드 시내 관광을 아내는 버스 안에서 창밖을 바라보는 것으로 대신할 수밖에 없었다. 나는 아내와 함께 버스 안에 있겠다고 했으나 '당신이라도 관광해야지 절대 안 된다.'는 아내의 성화에 못 이겨 별수 없이 일행들 뒤를 따라 시내 관광을 할 수밖에 없었다. 씁쓸한 마음 그지없었다. 가이드에게 도움을 청했지만 어렵다고 했다. 두브로브니크에서는 도움을 주도록 해보겠단다.

베오그라드에서 사라예보를 거쳐 모스타르, 그리고 네움을 지나 두브로브니크로 가는 순간까지 아내는 버스 안에서 차창을 통하여 드러나는 외부의 정경들을 바라보는 것으로 만족해야만 했다. 그리고 화장실을 이용하거나 호텔 숙소로 이동할 때에는 내게 의지하는 수밖에는 별다른 방법이 없었다. 모스타르를 거쳐 네움에서 잠시 휴게소에 들렀을 때, 지하에 있는 화장실을 다녀오는 길은 아내에게는 참으로 멀고도 험난한 고난의 길이었다. 내게 의지한 채 끙끙대며 발걸음을 옮기는 아내에게 여행객들의 안타까운 시선들이 모아졌다. 하지만 아내는 잘도 참아내었다. 그래도 하느님께 감사하고 기뻐할 일은 버스 안에서 아내와 함께 저무는 두브로브니크의 아름다운 저녁놀을 볼 수 있는 것이었다.

버스에서 내려 호텔의 배정된 방까지 아내를 부축하며 올라가려니 나도 조금 힘이 들었다. 그런데 정작 고통스러워해야 할 아내는 모든 것을 잘 이겨내는 모습이다. 샤워를 할 수 있도록 도움을 주고 잠자리에 들면서 여행과정을 되돌아보았다. 십자가를 메고 골고타 언덕을 힘겹게 오르시는 예수님의 모습이 떠올랐다. 나는 주님께서 주신 이 상황을 기쁜 마음으로 받아들이고 이겨내야겠다고 생각했다. 지금 이 사순 시기에 예수님께서 걸으셨던 고난의 길을 체험할 수 있도록 우리에게 이런 기회가 주어졌다고 생각을 하니 지치고 힘겹던 마음이 한결 진정되었다.

가이드의 도움으로 두브로브니크에서는 다행히도 아내는 휠체어를 빌려 타고 나와 함께 관광을 할 수 있었다. 아내가 탄 휠체어를 밀면서 오랜만에 함께 관광을 할 수 있다니 참으로 행복했다. 성안으로 들어가 플라차대로를 걷고, 두브로브니크의 수호성인인 성 블라이세를 기념하는 성당을 구경하였다. 그리고 군둘리체바 폴야나 광장으로 갔다. 이 지역 사람들이 생산한 농산물이나 가공품들을 파는 야시장으로 마침 우리가 그곳을 찾았을 때 막 노천 시장이 열리고 있었다. 나는 아내와 아이들에게 줄 작은 선물로 허브향이 나는 물품을 몇 개 구입하였다.

우리는 시장에서 나와 루자 광장이 있는 쪽으로 발길을 옮겼다. 길옆 옷가게에서 귀엽게 생긴 어린이옷을 발견하고, 손녀 나윤에게 선물로 줄 원피스를 한 벌 샀다. 아내와 나는 나윤이가 기뻐할 모습을 생각하면서 마음이 흐뭇해져 한동안 웃음 지을 수 있었다. 스르지 산에 올라 두브로브니크를 구경한 뒤에, 비탈진 언덕을 오르내리는 곡예 운전에 모든 것을 내맡긴 우리 일행은, 다시 성안으로 돌아와 점심을 먹기 위해 바닷가에 자리한 식당에 들렀다.

점심을 먹고 난 뒤에 일행이 성벽체험을 하는 동안, 시원한 바람을 쐬며 우리 둘만의 특별한 시간을 가졌다. 잔잔한 바다 위에서는 갈매기가 날고, 이따금 관광객들이 유람선을 오르내리는 바닷가의 모습을 한가로이 바라보면서 우리는 서로 따뜻한 눈빛을 나누었다. 두 시간쯤 지났을까 일행이 돌아왔다.

우리 내외는 일행과 함께 두브로브니크에서의 마지막 투어를 위해 유람선에 올랐다. 유람선이 바다를 향하여 미끄러지자 스르지 산과, 성 안에서 보았던 것과는 다른 또 하나의 두브로브니크 모습이 펼쳐졌다. 시원한 바닷바람을 쐬며 오랜만에 밝게 웃음 짓는 아내의 모습이 내 마음을 한층 더 가볍고 시원하게 해주었다.

오늘 하루 동안 이곳에서 지내면서 두브로브니크가 왜 유럽인들과 일본 사람들에게 가장 가보고 싶은 여행지 1순위로 뽑혔는지, 그리고 죽기 전에 가 봐야 하는 여행지로 늘 상위에 랭크되고 있는지 그 이유를 알 것만 같았다. 우리 부부에게 두브로브니크에서의 하루는, 하느님께 감사드려야 할 행복하고 소중한 시간이었다.

여행을 마치고 돌아오면서 곰곰 생각해보았다. 베오그라드, 사라예보, 그리고 두브로브니크, 네움, 스플리트, 토르가르, 플리트비체호수, 그리고 포스토니아 동굴, 블레드호수로 가는 길은 '나를 찾아 떠나는 산티아고 순례길이 아니었을까?'라는 생각이 들었다. 사실 이 길은 일행이 여행하는 모습을 지켜만 보아야 하는 아내와 어떻게 하여 그녀를 조금이라도 위로해 줄까 하고 고민하는 내가 '바로 우리 자신을 찾아 떠나는 순례자의 길*'이었다는 생각이 들었다. 바로 우리가 지금 이 시대를 살면서 자기 자신을 찾아 여행하고 있는 순례자들이 아닐까?

여행하는 동안 하루에도 몇 번이나 아내는 목적지에 도착하거나, 식사하기 위해, 때로는 화장실에 들려야 할 때는 무거운 몸을 이끌고 버스에 오르내려야만 했다. 이때 친절한 기사님과 나는 그녀가 안전하

---

* 순례자의 길(산티아고): 카미노 데 산티아고(스페인어: Camino de Santiago, 라틴어:Per egrinatio Compostellana)는 스페인 갈리시아 지방 산티아고 데 콤포스텔라의 순례지이다. 주로 프랑스 각지에서 피레네산맥을 통해 스페인 북부를 통과하는 길을 가리킨다. 이 길은 9세기 스페인 산티아고데콤포스텔라에서 성 야고보의 유해가 발견되었다고 알려져 유럽 전역에서 많은 순례객이 오가기 시작했던 길이다. 산티아고 순례에 관한 배경에는 당시 이슬람 군대의 위협에 이베리아반도의 마지막 보루를 지키고자 했던 정치적인 목적이 강했다. 성 야고보를 스페인의 수호성인으로 모시게 되면서 오늘날 순례길이 생겼다. 러시아, 핀란드, 이탈리아, 포르투갈 등 각지에서 산티아고로 가는 여러 갈래길 가운데 가장 잘 알려진 '프랑스 길'은 프랑스 남부국경에서 시작해 피레네산맥을 넘어 스페인 산티아고 콤포스텔라까지 이르는 800km 여정으로 프랑스인들이, 프랑스에서부터 오는 길이라는 뜻으로 붙여진 이름이다. 하루에 20여 킬로미터씩 한 달을 꼬박 걸어야 한다. 연금술사의 파올로 코엘료가 걸어 더욱 유명해졌다. 최종 목적지가 산티아고데콤포스텔라 대성당인 산티아고 순례길은 로마, 예루살렘과 함께 중세시대에 기독교 순례자들의 매우 중요한 순례길 중 하나였다.

게 몸을 내맡길 수 있는 믿음직한 버팀목이 되어 주어야만 했다. 시간이 흐를수록 차츰 나는 그녀를 안전하게 이동할 수 있도록 하는 일이, 바로 남편으로서 당연한 일이며 감사해야 할 일이라는 생각을 하게 되었다.

함께 여행하는 일행들은 여행에 푹 빠져 행복하고 즐거운 마음에 젖어 시간 가는 줄도 모르는 것 같았다. 그렇지만 아내와 나는 서로를 의지하며 고난의 여정을 잘도 참아내야만 했다. 우리가 서로를 믿고 맡길 수 있는 소중한 대상임을 확인하는 귀한 시간이었다.

여행길에서 일행 중 많은 분이 따뜻한 마음으로 함께 해주려고 애썼다. 그래서 나는 여행 마지막 만찬 때에 감사하는 마음을 담아 그분들에게 맥주를 샀다. 그리고 고마운 마음을 전했다. 인천공항에 도착하여 버스를 타고 늦은 시간에 정읍에 도착하였다. 둘째 아들이 배웅을 나와 택시를 타고 집에 도착하였다. 참으로 힘들고 고통스러운 시간이었다.

다음 날 병원에 들러 진료를 받고 대학병원에 가 곧바로 고관절 수술을 받고 입원하며 새로운 사순 기간을 보낸 뒤, 아내는 건강한 몸으로 퇴원할 수 있었다.

지난 해외여행은 주님께서 우리 부부에게 특별히 자신들을 되돌아볼 수 있도록 주신 잊을 수 없는 소중한 고난의 사순 시기였던 것 같다. 이런 귀한 체험을 할 수 있도록 기회를 주신 주님께 깊은 감사를 드린다.

(2018. 3. 13.)

블레드 여행

'율리안 알프스의 보석'이라고 불릴 만큼 아름다운 자연경관을 자랑하는 블레드는 1년 내내 세계 여행객들의 발길이 끊이지 않는다고 한다. 블레드 여행에서 가장 중심이 되는 블레드호수는 율리안 알프스의 만년설과 빙하가 녹아서 만들어진 호수다. 호수의 물빛은 짙은 옥빛을 띠고 있었으며 바닥이 보일 정도로 아주 투명했다.

호수의 매력에 더 흠뻑 빠져 보려고, 아내와 함께 이곳의 전통 배인 플라트나를 타고 호수 안에 있는 블레드섬을 향해 노를 저어갔다. 살랑 불어오는 바람이 기분 상쾌하게 내 얼굴을 스치며 지나간다. 그리고 짙푸른 물결이 살랑 이는가 싶더니 이내 사방으로 옥구슬 물방울을 튀긴다. 진한 옥빛 호수와 절벽 위의 성채, 저 멀리 율리안 알프스의 설산이 호숫가 마을과 잘 어우러져 한 폭의 아름답고 멋진 풍광을 그려낸다.

블레드섬은 그 규모는 작지만, 언덕 위에 성모 마리아 승천 성당이 자리하고 있었다. 원래 슬라브 인들이 지바 여신을 모시던 신전이었으나, 8세기에 성당으로 바뀌었다고 한다. 바로크 양식의 성당 내부에는 '행복의 종'이 있는데, 가이드에 따르면 사랑하는 남편을 잃은 한 여인이 남편을 기리기 위해 이 성당에 종을 달기를 원했지만, 가난하여 그 뜻을 이룰 수가 없었단다. 그런 사연을 전해 들은 로마 교황청에서 그녀를 위해 종을 기증하면서 그의 소원은 이루어질 수 있었다. 그 뒤로부터 그녀가 남편을 기리던 간절한 마음을 담아 이 종을 세 번 치면 행운이 찾아온다고 해서 인기가 높다고 한다. 그런 이유로 슬로베니아의 많은 젊은이가 이 성당에서 결혼식을 올리고 또 행복의 종을 치기를 원한다고 한다.

나는 아내와 언덕 위에 있는 성당까지는 많은 계단을 올라가야 하므로 주모경을 바치는 것으로 대신했다. 그리고 저 멀리 율리안 알프스 설산을 배경으로 호수와 절벽 위의 블레드 성이 어우러진 멋진 모습을 카메라에 담으며 아쉬움을 달랬다.

우리 일행은 마지막으로 호숫가 절벽 위에 있는 블레드 성으로 향했다. 에메랄드빛 호수 중앙 130여m 절벽 위에 자리하고 있는 블레드 성은 TV 드라마 〈흑기사〉의 배경으로 소개되면서 유명해졌다고 한다. 1400년대 독일 황제 헨리크 2세가 이 지역 일대를 이곳 주교에게 선물했고, 얼마 뒤에 블레드 성이 지어졌으며, 지금의 모습으로 갖추어지게 된 것은 18세기 이후부터란다.

언덕 위 주차장에서 내려 계단을 따라 올라가니 블레드 성이 우리를 반겼다. 성 내부에는 16세기에 만들어진 예배당이 있었는데, 그곳에서 희미하나 그 당시의 벽화를 볼 수 있었다. 그리고 예배당 옆 전시관으로 자리를 옮겨 블레드 지역에서 발굴된 유물들을 살펴보았다. 성안에는 레스토랑이 있는데 이곳은 연인들끼리 마주 앉아 멋진 전망을 감상하며 커피와 와인, 맥주를 즐기거나, 식사를 할 수 있어 특히 젊은 이들에게 꽤 인기가 높다고 한다. 이제 내게 그런 젊음은 떠났지만, 블레드 성에서 바라보는 호수와 섬, 그리고 저 멀리 율리안 알프스 설산이 또 다른 모습으로 다가와 내 가슴을 설레게 하였다. 아마도 블레드 여행에서 보았던 아름다운 모습은 내 가슴속에 오래도록 머물러 있을 것 같다.

(2019. 3. 24.)

국립생태원에 다녀와서

지난해 봄, 정읍 중등 평생교육회 야유회에서 충남 서천지역의 국립생태원, 스카이워크, 그리고 해양생물자원관을 탐방하였었다. 일행과 함께 구경하다 보니 여유를 가지고 관람하기보다 일행을 놓치지 않으려는데 더 신경을 써야만 했다. 그래서 기회가 닿으면 국립생태원을 다시 한 번 시간을 내어 찾아가기로 마음먹고 있었다. 그러다가 이번에 기회가 닿아 아내와 함께 가을 나들이로 국립생태원을 탐방하였다. 집에서 출발하여 승용차로 서해안고속도로를 타고 한 시간 정도 달리니 서천에 있는 국립생태원이 나왔다.

나이가 드니 입장료 없이 관람할 수 있어서 좋다. 입구에서 전기차를 이용하여 국립생태원의 핵심 전시관인 에코리움 근처까지 이동하였다. 대략 축구장 2개 규모에 열대관에서 극지관까지 세계 5대 기후대의 생태환경을 전시하고 있다. 지구 적도에서 출발해서 북극까지 단숨에 질주하는 여정이다.

세상에서 가장 큰 수생식물이라는 빅토리아 수련이 피어있는 연못을 지나 상설 전시관에 들어서니 가슴부터 두근거린다. 오랫동안 잊고 있었던 둠벙, 사바나, 맹그로브 숲과 낯선 동식물과 만남을 기대해서 그런지도 모르겠다. 일상생활로 굳어진 사고가 유연해지며, 한구석에 갇혀있던 상상력이 조금은 되살아나려니 싶다.

열대관에 들어서니 세계 최대 담수어 피라투쿠가 유유히 어슬렁거린다. 높이 35m 거대한 비닐하우스와도 같은 열대관에는 식물 700여 종, 어류 130여 종이 있다고 한다. 새들이 지저귀는 열대우림에 들어서니, 실제 우리가 아프리카 어느 원시림 지역에 와 있는 것이 아닌가 하는 착각마저 든다. 여기저기 숲에서 들려오는 새소리가 우리를 유혹한다. 위에서 소나기처럼 쏟아지는 시저스의 뿌리를 건들지 않도록 조심조심 걸으며 사방을 두리번거리다 보니 어느 사이 사막관 입구에 서 있다.

사막관은 소노라 사막, 깁슨 사막, 마다가스카르 사막, 모하비 사막, 나미브 사막, 그리고 아타카마 사막의 생태환경을 엿볼 수 있도록 꾸며놓았다. 낯선 동식물들이 수시로 발을 멈추게 한다. 지난 9월 초에 새끼 두 마리를 순산했다는 사막여우의 잠든 모습, 시어머니 방석이라는 별명을 지닌 금호, '생명의 나무'라는 모링가, 어린 왕자에 나오는 바오밥나무, 한 놈은 망을 보고 다른 놈들은 열심히 땅굴을 파는 검은 꼬리 프레디도그 등이 우리의 눈길을 사로잡는다. 사막관에서 지중해관과 온대관을 거쳐 극지관에 이르기까지 온도와 습도가 바뀐다.

한 무리의 젊은이들이 우리의 하천 생태계에서 자유분방하게 헤엄치며 놀고 있는 수달 무리의 재롱에 시선이 꽂혀 있다. 그 가운데 수달 한 쌍이 사랑을 나누는 모습에 푹 빠져있는 다정한 젊은 연인들을 지켜보면서, 나는 약혼 시절 아내와 함께 선운사 골짜기를 정답게 걷던 모습이 떠올라 그녀의 손을 꼬옥 쥐어 보았다. 그때에는 그녀와 함께 있으면 온 세상이 그렇게 아름답게 보이고 그 무엇 하나 부러울 것이 없었다.

잠시 그곳에 머무르다가 곶자왈* 지대 등이 꾸며져 있는 제주지역의 생태계를 둘러보았다. 최근, 이 곶자왈 지대는 '제주의 허파' 또는 '자연의 허파' 등과 같이 인간의 허파에 비유되고 '제주 생태계의 생명선'으로 강조되면서 점차 관심이 집중되고 있다고 한다. 과거에는 곶자왈은 불모의 땅으로 인식되었지만, 오늘날에는 지하수의 함양기능을 비롯하여 한라산과 해안지역 사이의 환경적인 완충 기능 그리고 조망을 중심으로 하는 위락관광 자원으로서 그 기능을 담당하는 것으로 알려져 있다. 모든 기후대를 통과하고 나니 바로 우리가 처음 출발했던 곳이다.

한 시간 정도의 관람을 통해 지구의 모든 생태환경을 둘러볼 수 있다니 참으로 편안하게 소중한 체험을 한 것 같다. 아내도,

"참 좋은 체험을 할 수 있게 해 주어 고마워요."

---

* 곶자왈: 화산이 분출할 때 점성이 높은 용암이 크고 작은 바윗덩어리로 쪼개져 요철(凹凸)지형이 만들어지면서 나무, 덩굴식물 등이 뒤섞여 숲을 이룬 곳을 이르는 제주 고유어.

하고 말하며 흐뭇해한다. 나도 아내가 흐뭇해하니 이곳에 함께 온 보람이 느껴진다. 수많은 사람이 이곳을 찾아와 체험하고 간다고 하니 이곳 국립생태원이야말로 잠깐 동안에 지구의 모든 생태계를 체험할 수 있는 소중한 공간이 아닌가 싶다. 이런 체험을 통해서 자연환경이 인간에게 주는 많은 혜택에 감사할 줄 알고, 또 받은 만큼 우리도 자연환경을 잘 보존하고 사랑하는 마음을 키워나갔으면 참 좋을 것 같다.

(2016. 10. 28.)

진솔한 삶보다 더 아름다운 건 없다

– 고안상 수필집 ≪맹물처럼 순수하게≫의 작품세계

장지홍
(시인, 사)한국문인협회 정읍지부장)

1. 봄이 오는 길목

고안상의 수필 50여 편을 읽고 나서 10층 아파트 베란다에서 창밖을 내려다보니 세상은 이제 완연한 봄빛으로 찬연하다. 때는 어느새 3월 중순에 접어들어 멀리 초산(楚山)과 고끼리산(象山)은 푸른 하늘 밑에서 높다라이 기지개를 켜며 동진강의 원류라는 정읍천은 금세 고운 물살을 새하얗게 쏟아져 내리는, 청명하기 그지없는 좋은 날이다.

이제 뭇 새들은 싱싱하게 불어오는 바람결에 날개를 씻으며 날고 산과 들에는 수많은 봄꽃이 널브러져 조금씩 들뜨기 시작하는 조짐이 보인다.

지난겨울을 잘 버티어 낸 미루나무와 천변의 벚나무들이 봄을 맞이

할 축제 준비가 다 되었다는 듯이 다사로운 햇살 속에서 마냥 사지를 흔들어 댄다. 봄이 오는 낌새를 일찍이 알아차린 농부들은 비닐하우스 문을 살며시 열어 주기도 하고 가까운 밭에 가서는 몇 개의 마늘을 뽑으면서 웃는다.

—올 농사가 잘돼야 헐 턴디–이렇게 옆집 농부 아줌마는 혼잣말을 중얼거린다.

이 농부 아줌마 말마따나 난생처음으로 수필집을 내는 고안상 수필가의 글 농사에도 다사로운 봄빛이 머물러 문운이 풍성해져서 항상 하느님 축복과 은총이 함께하기를 빌어 본다.

2. 고안상 교장과의 인연

요즈음 우리 문단을 살펴보면 수많은 문인이 속속 등장하고 있다. 한국의 문인 3만의 시대, 어떤 통계에 의한 수치인지 잘 모르지만, 요즘은 청춘을 다 보내고 늦은 나이로 문단文壇의 문을 두드리는 늙은(?) 신인新人들이 참 많다. 현재 한국의 문학지는 월간月刊 및 계간季刊을 합하여 5백여 종류가 훨씬 넘는다고 한다.

여기에서 쏟아져 나오는 신인新人들 수는 자못 기하급수적이라고 할 만하다. 이대로 가다가는 우리나라는 시인이나 수필가와 같은 문인들이 득실거려서 세계 제일의 문인공화국文人共和國이 될 것도 같다. 혹자는 소년기나 청년기로부터 부단한 습작기習作期를 안 거치고 그렇고 그런 자기 고백서告白書를 들고 잡다한 신변잡기身邊雜記나 해외 여행기, 별 볼 일 없는 가십거리를 나열해서 문단에 오른 문인을 폄하貶下하고 혹평酷評하는 평론가들이 더러 있다.

그들의 주장에 따르면 "시인이나 수필가라 함은 명함에나 올리는 장식품이 아니다." '진실하게 살겠다는 하나의 약속이고 그 행동의 일단이 바로 글을 쓰는 행위이다.' 어느 저명한 시인께서 하신 말씀이다. 백번 옳은 말씀이다. 하지만 젊은 시절은 먹고사는 일에 얽매이어 쌈닭처럼 치열한 삶을 살아야 했기에 시간적 여유를 갖지 못하다가 정년을 마치고서야 제2의 인생 이모작二毛作에 즈음하여 끄릿끄릿한 늙은 신인으로 문단에 등장하는 것을 그리 나무랄 일만은 아닌 듯싶다. 우리 고안상 수필가도 늙은(?) 신인으로서 뒤늦게 문학 동네에 입주入住한 문인이다. 아직은 물인지 불인지 낯설지만 곧 알음알음이 생기고 동네 사람과 친하게 되면서 문단에 적응이 잘되어 가리라 확신하여 마지않는다.

고안상 교장과 나는 닮은 점이 꽤 많다. 완고한 한학자 집안에서 할아버지 영향 밑에서 자란 것이 그렇고 대가족 집안의 장손으로 태어난 것부터가 그렇다. 한 사람은 수학 선생, 한 사람은 국어 선생으로 같은 학교 같은 교무실에서 이십 년 훨씬 넘게 한솥밥을 먹으며 뼈가 굵은 교육 동지이고 또 어쩌다가 보니 함께 문학의 길을 같이 걷게 된 것도 그러하다.

그가 수필가로 등단하기 전부터 집에서는 성실한 가장으로서 편안한 남편이었고 훌륭한 아버지로서 또 성실한 교사로서 한 점 부끄럼없이 살아온 어쩌면 청교도적인 삶이 나와 다른 점이라면 다른 것이다. 그는 외모에서 풍기는 인상처럼 언제나 성실하고 따뜻함을 지닌, 인간관계에서도 흐트러짐이 없는 참한 삶을 사는 사람이다.

고안상은 뒤늦게 '수필 세상'에 입문한 변辯을 이 수필집 '책머리에서' 다음과 같이 술회하고 있다.

> 초등학교 글짓기 시간, 무엇을 쓸 것인가 도무지 생각이 떠오르지 않아 이리저리 궁리하다가 보면 수업 끝 종이 울리곤 했다. 도무지 무엇을 써야 할지 아무런 생각이 나지 않았다. 그러기에 글짓기 시간은 나에게는 고통이요, 무료하기 짝이 없는 시간이었다. 40대 후반에 접어들 무렵, 사촌 형님께서 발간한 조부님의 ≪초남楚南 시집≫을 보고 어쩌면 '나도 글을 쓸 수 있을지도 모르겠다.'라는 생각을 조심스럽게 해 보았다.
>
> 중략– 퇴직을 한 후에 그동안 내가 못해 본 일을 한번 해보고 싶었다. 그래서 한동안 많은 책을 읽고 텃밭에 과일나무도 심고 채소도 가꾸어 봤다. 그러다가 어영부영 삼 년 세월이 지나갔다. 아직 무엇을 해야 할까 망설이는데 아내의 친구분인 변명옥, 호성희 선생님께서 수필공부를 권하지를 않는가. 나도 진작부터 나의 삶을 기록해서 후손에게 남길 수가 있다면 얼마나 좋을까 하고 생각하고 있던 차에 아내와 함께 그분들을 따라 '신아 문예대학'에 입문하게 되었다.
>
> –〈책머리〉에서

3. 수필은 진솔한 삶의 기록

수필은 진솔한 삶을 사는 과정에서 우러나오는 기록이다. 잉어 빵에 잉어가 없고 새우 깡에 새우가 없는 것은 당연한 일이겠지만 수필에 진실한 삶의 역정과 고뇌가 드러나 있지 않는다면 그건 한낱 휴지조각으로 낙서에 불과할 것이다. 삶의 진실과 진솔함은 오랜 경험이나 깊은 사유思惟를 통해서 얻어지는 노병의 훈장과 같은 산물이 아닐까?

우리 한국의 수필문학 분야에서 '고전古典' 중에서도 아주 '명문名文'으로 알려진 피천득의 글, 고등학교 국어 교과서에 실린 바 있는 〈수필隨筆〉의 한 대목을 읽으면 수필은 역시 인생의 쓰고 단맛을 어느 정도 겪은, 나이 지긋한 사람의 글이어야 제격인 듯싶고 공감의 울림이 크다고 할 것이다. 수필의 지침서라고 할 수 있는 훌륭한 글이기에 여기에 한번 인용하여 본다.

> 수필은 청춘의 글이 아니요,
> 서른여섯 살,
> 중년 고개를 넘어선 사람의 글이며,
> 정열이나 심오한 지성을 내포한 문학이 아니오,
> 그저 수필가가 쓴 단순한 글이다.
> 수필은 흥미를 주지마는
> 사람을 흥분시키지는 아니한다.
> 수필은 마음의 산책이다.

그 속에는 인생의 향취와 여운이 숨어 있다.

―피천득의 글, 〈수필〉에서

요즈음엔 '수필가'나 '시인'이라고 불리기를 좋아하는 사람들이 많다. 처음 만난 사람한테 수필가 또는 시인이라 새긴 명함을 받는 일이 더러 있다. 이럴 때면 낯이 화끈거림을 느끼며 상대의 얼굴을 찬찬히 뜯어보게 된다. 낯이 화끈거림을 느끼는 것은 내가 시를 쓴 지 꽤 오래 해가 묵었어도 아직 시인이라고 자부할 수 없는 자괴감 때문이요, 상대를 찬찬히 살펴보는 것은 시인 또는 수필가라고 자부하는 사람의 내면을 한번 엿보려는 속셈이다. 수필가나 시인이라 함은 수필 혹은 시에 관한 그 방면에 일가를 이룬 사람들에게 붙여지는 호칭呼稱이다. 일가를 이루었다 함은 자기가 종사하는 분야에서 독창적인 경지를 이루었을 뿐 아니라 이 분야에 논리적으로도 독자적인 체계를 구축했다는 뜻이기도 하다.

인간은 본래 자기과시自己誇示나 자기를 돋보이기 좋아하는 속성이 있다고 하겠지만, 이 점에 있어서는 아주 필사적일 것 같다. 요즘 나오는 신문, 지방지 주간지 여러 인쇄물에 등장하는 시나 수필들을 보면 내용보다는 자기 피아르(PR)가 우선인 것 같다. 어느 것은 내용보다도 작자를 돋보이기 위한 이력이 지면을 독차지하는 것도 종종 있다. 한심하기 그지없는 세태의 한 장면이라 할 수 있다.

고안상의 글에는 이런 조잡한 치기가 전혀 없다. 순수와 진솔함이 그 자체다. 남에게 돋보이려는 자기과시나 자기 클로즈업(close-up)이 없다. 그저 '맹물처럼 순수'해서 오히려 세태에 오염汚染 되지나 않을까 하는, 두려울 정도로 순수하고 순백하고 진지하다. 그가 교직이라는 카테고리 속에 살아온 역정을 드려다 봐도 〈영산포 상고에서의 교직 생활〉, 〈교직 생활에서 지우고 싶은 이야기〉에 그의 인생관 내지 순수성을 만날 수 있다.

우선 그의 표제작 〈맹물처럼 순수하게〉를 한번 살펴보자.

> 나도 여느 사람들처럼 맹물을 무척 좋아한다. 꼭 옹달샘에서 퐁퐁 솟아나는 시원한 물이나, 산골짜기를 흐르는 맑은 시냇물 또는 이름난 약수터에서 솟아오르는 그런 물이 아니더라도 시원하고 상큼한 맛을 지닌 그런 물이라면 더없이 좋다. 맹물은 아무 맛이 없고 그저 맹맹하다. 그렇지만 옛사람들은 맹물이 모든 맛을 포용하는 덕이 있다고 보았다. 그런 맹물처럼 특별히 향기나는 그런 사람이 되지는 못할지라도 이웃을 받아들이고 품에 안을 수 있는 넉넉한 마음을 지니고 산다면 얼마나 좋을까 싶다.
>
> 사람들은 특별하고 자극적인 것을 바라지만, 진짜 좋은 것은 맹물처럼 지극히 평범하고 담백한 것이라야 한다. 그래야 질리 지가 않는다. 나는 맹물이 좋아서 〈맹물회〉라는 모임을 만들어 40년 가까이 잘 지내고 있다. 〈중략〉
>
> 물 가운데 특히 맹물은 때와 장소를 가리지 않고 남녀노소 동식물 구분 없이 어느 것에나 없어서는 안 될 중요한 생명수이다. 시기하지 아니하고 뜨겁거나 얼었다가 다시 제 위치로 돌아올 수 있는 것이 맹물이다. 나는 특별히 달지도 않고 맵지도 않으며 쓰거나 짜지 않은 맹물처럼 그렇게 순수함을 잃지 않으면서 세상이 필요로 하는 그런 존재로 살고 싶다. 그리고 지금 세상

을 사는 사람들도 맹물처럼 순수한 마음을 지니고 살아간다면 얼마나 좋을까?

—〈맹물처럼 순수하게〉에서

담임교사로서 아이들을 진학시키기 위하여 학급을 장학하고 또 학습 분위기를 잡아주는 것이 최선이라고 믿었던 나의 생각은 여지없이 무너졌다. 아이들에게 칭찬과 격려, 그리고 대화를 통한 지도보다는 내 손아귀에 아이들을 쥐고 확실히 장악하고야 말겠다는 어설픈 교육방법이 이런 참사를 불러온 것 같았다. 그래서 아이들은 그런 행동을 통해 자율학습이란 닫힌 공간에서 탈출을 시도했고 다른 아이들은 그 뜻에 동조하거나 묵과했던 것이다. 이러한 사고로 나는 한동안 부끄럽고 마음이 아파 밤잠을 이룰 수가 없었으며 교무실이나 교실에서도 고개를 숙이고 다녀야만 했다.

한편으로는 억울한 마음도 없지 않았다. 사실 다른 선생님보다 내가 더 심하게 아이들을 체벌하였던 것은 아니었다. 그렇지만 내가 분명히 아이들을 체벌한 것은 사실이었고, 사후 지도를 잘못한 것도 그 원인 중의 하나임이 틀림없었다. (중략) 지금도 그때를 생각하면 교직 생활을 하는 동안 아이들에게 많은 가르침을 주기보다 오히려 부끄러운 스승으로 기억되지 않을까? 하는 두려운 마음이 앞선다.

—〈교직 생활에서 지우고 싶은 이야기〉에서

수필은 1인칭의 문학이다. 시가 시인 자신이 아닌 퍼소나(personae)를 내세워 말하게 하고 소설이 각각의 인물을 등장시켜 행동하게 하지만 수필은 대부분 수필가 자신이 나와서 자신의 이야기를 한다. 그러므로 수필은 가장 진솔하게 자신을 드러내는 문학 형식이다. 그렇더라도 우리는 일기에서조차도 부끄러운 이야기는 차마 쓰지 못하거나 거짓으로 쓰기도 한다. 일기가 그렇거늘 참회록의 얼마 정도가 거짓도 가감이 없이 사실을 그대로 보이는지는 모르겠다. 고안상의 수필은 그런 면을 초월한 수필이다. 어쩌면 부끄러운 가정사史도 〈고마운 나의 어머니〉에서 숨김없이 승화하여 표출하고 있다

4. 진솔한 자기 고백의 수필

이러한 순수함과 진솔함 속에서의 삶이 고안상 수필의 곳곳에 자리잡고 있다. 남에게 보이는 것, 혹여 남이 알까 두려운 가정사까지도 내면의 자기 성찰이나 맹물 같은 순수와 진솔함으로 자신을 포용하고 있다. 〈어머니의 빈자리〉, 〈효녀 여동생〉, 〈자랑스러운 조부님〉, 〈복받게 사신 장인 장모님〉, 〈로또 며느리〉, 〈부모의 마음〉, 〈소중한 당신〉, 〈가시밭길을 걸어온 남동생〉, 〈쥐띠 여동생〉 등에 표출된 내용이 모두 고안상의 가정 사史에 관한 수필들로써 읽는 이로 하여금 친근한 감동을 부른다. 몇 대목을 옮겨 적어 보자.

> 어느덧 어머니 떠나신 지 한 달이 다 되었다. 창밖에는 찬바람이 분다. 나뭇가지에 대롱대롱 매달린 이파리 몇 개가 추위에 으스스 떨고 있다. 주위의 많은 이웃이 어디론가 떠나버려 옆구리가 시리고 허전하게만 느껴진다.

어린 시절에는 부모님과 우리 남매들, 그리고 친지들이 있어서 항상 마음 든든하고 행복했었다. 그래서 춥고 시린 줄은 전혀 몰랐다. 오히려 그들이 귀한 줄 모르고 때로는 버겁고 귀찮다는 생각마저 했었다. 그런데 나이가 들면서 그들이 하나 둘 내 곁을 떠나간다. 그러면서 내 주위는 헤싱헤싱해져 허허롭게만 느껴진다.

—〈어머니의 빈자리〉에서

나이가 든 지금에야 ≪초남楚南시집≫을 통하여 할아버지의 재능을 알게 된 나로서는 먼저 할아버지의 시를 많이 접하고 이해하는 데 힘쓰며 후손들에게 전파할 수 있는 공간인 조상님 제사 때를 이용하여 제례를 올리고 한시 암송대회를 갖기로 작정을 하고 지난해부터 실천해 오고 있다. 우리 후손들이 어린 시절부터 할아버지의 혼이 담겨 있는 한시 암송을 통하여 당신의 가르침과 정신을 배우고 익힐 수가 있다면 얼마나 좋겠는가? 시인이셨던 할아버지의 후손임이 참으로 자랑스럽다.

—〈자랑스러운 조부님〉에서

5. 자연과 종교적 자양에서 비롯한 체험

우리는 역사학자 토인비의 말에 귀를 기울일 필요가 있다. 현대인은 누구나 믿음을 가지고 있는데, 이에는 저급의 신앙과 고차적 신앙이 있다고 했다.

저급한 신앙에는 과학에 대한 맹신盲信, 권력에 대한 맹신, 재물에 대한 신앙으로 이는 인간성을 마멸磨滅시켜서 끝내는 인류의 종말을 초래할 수 있는 위험한 것이고, 고차적인 신앙에는 기독교, 불교와 같은 종교적 신앙이 있는데, 이중에서 자연에 대한 신앙이 인류의 종말을 예방할 수 있는 있다고 주장한다.

이 토인비의 예언은 저급한 신앙과 자기과시로 사는 현대인에게는 따끔한 경종이요, 문학에 종사하며 글을 쓰는 사람들에게는 무거운 책무를 부여하는 것이라 할 것이다.

나는 이런 점에서 고안상 교장을 좋아하며 존경한다. 그와 내가 공통 인자가 비슷해서가 아니라, 그의 내면에서 풍기는 은은한 체취가 마음에 들기 때문이다. 그는 독실한 신앙인이며 누구나 친근감을 느끼는 자연인 아니 보통사람이기 때문인지도 모른다. 그는 퇴직 후에는 자연에 귀의해서 작은 채전밭도 가꾸며 같은 교사였던 아내와 함께 유유자적한 삶을 산다. 그것은 시골 생활과 여행을 즐기는 데서 오는 큰 행복이다. 제3부에 실린 여행기를 한번 살펴보자.

〈신사의 나라 영국〉, 〈청빈한 삶을 산 프란치스코 성인〉, 〈잊지 못할 비엔나 음악회〉, 〈역사가 주는 교훈〉, 〈지금 생각해도 너무 아쉬웠던 여행〉, 〈석장리에서 만난 구석기인들〉, 〈깊어가는 카사블랑카의 밤〉, 〈우도 여행〉, 목록만 보아도 고안상은 여행의 삶을 얼마나 즐기고 있는지 가히 짐작이 간다. 세계 곳곳에서 배워 온 지식은 그의 수필에 크나큰 자양滋養으로 축적될 것이며 또한 앞으로도 그는 마다하지 않고 계속 여행길에 오를 것이다.

6. 고안상이 지향해야 할 수필 세상

고안상의 수필은 영국의 경험주의 철학가이며 문학가인 그리고 세계 문학사에서 수필의 위상을 크게 드높인 프랜시스 베이컨(1561-1626)이 주무기로 사용한 중수필의 경향을 어느 작품에서도 취하지 않는다. 그렇다고 몽테뉴(1533-1592)의 경수필의 경향도 아니다. 또 그는 이희승이나 양주동 피천득의 영향권에 있는 것도 아니다. 아직 문장이나 수필의 전개방식이 미숙한 점이 보이긴 해도 앞서 언급했듯이 이 글은 고안상이 쓴 고안상 만의 삶의 기록이다. 수필은 개성이다. 그래서 그만이 갖는 독창적이고 참신한 수필 세상을 우리가 경험할 수 있다.

지금 이 땅에 문학인이 얼마나 많은가? 그 가운데 수필가는 또 얼마나 많은가? 그들은 한두 권의 작품집을 내고 문학인이라는 명예를 얻었을 것이다. 그런데 그 많은 작품 가운데 고안상의 작품을 읽어야 하는 이유는 무엇일까?

어떤 작가가 우리 곁에 가까이 있기에 우리는 친분에 의하여 그의 작품을 읽을 수도 있다. 먼 곳에서 일어난 큰 사건보다 가까이서 일어나는 작은 사건이 더 큰 뉴스거리가 되듯이 내가 모르는 분보다 내가 아는 이의 글이 나에게는 더 중요하고 흥미롭다.

더구나 수필이라면 더 그렇다. 수필은 글쓴이를 그대로 드러내는 문학 양식으로 그 작품에서 작가를 읽을 수 있기 때문이다. '글은 곧 사람이다.' 하지 않는가?

그래서 수필에는 대리인을 등장시킬 수가 없다. 의도적으로 나를 생략하고 쓴다 해도 수필 속에서 행동하고 생각하고 느끼는 주체는 곧 나이다. 의도적으로 자기를 포장하는 글, 시대의 흐름에 따라 권력에 아부하는 글, 통속에 영합하는 글을 쓰는 것은 작가의 윤리에 어긋난다. 그러므로 수필가는 알몸을 드러내 보임에 있어 떳떳할 수 있도록 몸과 마음을 닦아야 할 것이다. 창작은 원래 외롭고 고달픈 작업이다. 이제 고안상 수필가가 굳이 이 길을 가겠다고 선택한 이상, 한눈팔지 않고 물러서지도 말고 오직 전진만으로 훌륭하고 참신한 수필 세상에 우뚝 서는 모습을 보고 싶다. 거듭 첫 수필집 상재를 축하하며 앞으로 대성하기를 빌어 마지않는다.

고안상 수필집

맹물처럼 순수하게

인쇄 2019년 09월 30일
발행 2019년 10월 02일

지은이 고안상
발행인 서정환
펴낸곳 신아출판사
주소 전주시 완산구 공북1길 16 (태평동 251-30)
전화 (063) 275-4000 · 0484
팩스 (063) 274-3131
이메일 sina321@hanmail.net essay321@hanmail.net
출판등록 제465-1984-000004호
인쇄 · 제본 신아출판사

ISBN 979-11-5605-683-6 03810

값 15,000**원**

이 도서의 국립중앙도서관 출판예정도서목록(CIP)은 서지정보유통지원시스템 홈페이지(http://seoji.nl.go.kr)와 국가자료공동목록시스템(http://www.nl.go.kr/kolisnet)에서 이용하실 수 있습니다.(CIP제어번호: CIP2019038651)

Printed in KOREA